아름다운 간호사의 손

작가의 말

한없이 부족한 제가 제4권 수필집 《아름다운 간호사의 손》을 출간하게 됨은 하나님의 은혜입니다. 은혜란 제가 믿는 하나님이 무조건 주시는 선물이라 하니 감사하고 행복할 뿐입니다.

저는 미주 이민 1세로 살아온 삶의 무늬와 정서를 수필이란 문학 장르에 담아 세계화 시대 속의 한민족의 꿈을 보여주고 싶은 소망이 있습니다. 그래서인지 미주 이민 역사가 될 수 있는 사실적인 일들을 비전이 있는 후세들이 볼 수 있도록 한 편의 수필 속에 기록하기를 즐기지요. 앞으로도 진실된 일들은 당당하게 작품화시키고 싶은 꿈이 있답니다.

수필집의 타이틀인 '아름다운 간호사의 손'은 반세기를 의료직에서 간호사로 일하면서 보고 느낀 생각들을 적은 글입니다. 아름다운 간호사의 손은 '사랑'입니다. 사랑하는 마음이 없으면 간호를 할 수 없습니다. 정신적으로나 육체적으로 건강한 사람이 아픈 사람을 사랑 품은 마음으로 정성스럽게 간호해야 합니다. 그래야 천하보다도 귀한 한 생명을 구할 수 있습니다. 때로는 전문적인 간호사 자신이 환자보다도 더 아픈 상태에 있을 수도 있습니다. 제가 그렇습니다. 의무적으로 환자 앞에 섰을 때 저는 성령님의 도우심을 간절히 구했답니다. 참으로 어려운 이민 1세의 인생살이를 신앙으로 이겨내고 올해 3월, 무사히 은퇴했습니다.

은퇴 후 한가한 마음으로 독서도 하고 꽃들을 많이 키우고 싶었는데 그러질 못하고 있기에 안타까운 마음입니다. 지금은 스케줄에 따라서 움직이는 직장생활을 하는 대신 남편 개인 간호사로 분주한 나날을 보내고 있습니다. 남편이 세계적인 전염병 코로나(COVID-19) 후유증으로 넘어져 다리가 불편한 상태라 지금 재활을 하는 상태입니다. 저에겐 간호사라는 명칭이 어울리나 보다 하고 스스로 위로해 봅니다. 남편이 이른 시일 내에 회복되어 혼자서 생활할 수 있기를, 우리 교회 임진태 목사님과 사모님, 성도들 그리고 사랑하는 주위 사람들이 간절히 기도하고 있음을 압니다. 또한 남편은 시인 장로로서 좋은 작품을 창작해 세 번째 시집을 내리라는 꿈을 꾸고 있습니다.

저는 한국문인협회 미주지회에서 오랫동안 이사로 활동하고 있습니다. 강정실 회장님과 함께 아름다운 협회가 되도록 노력하고 있지만, 제가 너무도 미약한 존재일 뿐입니다. 여러 장르에서 두각을 나타내시는 회장님의 도움으로 수필집 《아름다운 간호사의 손》이 출간됨을 진심으로 감사드립니다.

이 시간도 운행하시며 저를 돌보고 계시는 하나님을 믿는 저에겐 언제나 따뜻한 햇볕이 쏟아지고 있음을 느끼고 있습니다. 나를 온전히 사랑해 주시는 분이 있음을 믿기에 성가시게 하는 일들이 많아도 좋은 수필 쓰기에 정진할 겁니다.

   행복한 마음으로-.

2023년 여름 몬터레이에서
정순옥 올림

차례

작가의 말   2

제1부
몽돌과 막돌

- 숨결   13
- 꽃비에 묻힌 위안부의 눈물   15
- 별이 빛나는 밤에   19
- LA 폭동날 밤하늘엔   22
- 낮달   26
- 몽돌과 막돌   28
- 강대미 언덕   30
- 솜이불   34
- 일공오삼 (1053)   38
- 한복   41
- 외로워 말아요   45
- 불어라 바람아   49

제2부
아름다운 간호사의 손

- 알로하~ 하와이 55
- 하이랜드 산책길 60
- 풀피리 64
- 임플란트 68
- 주황빛 하늘 72
- 향기로운 꽃송이 76
- 김치의 날 80
- 비에 젖은 낙엽과 삼식이 84
- 아름다운 간호사의 손 88
- 온돌방 92
- 아카시아 꽃향기 흩날리는 기전동산 94
- 영화 98

제3부
평화의 꽃봉오리

- 빨갱이, 빨치산 105
- 인종차별 속에서 꾼 꿈 109
- 코로나19 감염자의 일기장 113
- 평화의 꽃봉오리 터지는 소리 117
- 흠이 많을지라도 119
- 2020년의 겨울밤 121
- 코로나바이러스 125
- 아리랑 향기 129
- 강제징용을 벚꽃은 알고 있다 133
- 아리랑 꽃송이 137

제4부
빈손

- 흙이 좋아 143
- 바람은 알까 147
- 인내 151
- 새싹 155
- 사랑의 종소리 159
- 그리운 풍경들 163
- 빈손 167
- 생사의 갈림길 171
- 2월의 소리 175
- 독서가 좋아 179

제5부
즐거운 원평시장

- 마스크 패션 185
- 마누라 잔소리 189
- 눈 째진 아이 193
- 반가운 편지 195
- 속상함에 숨은 행복 199
- 수국 203
- 순자 언니의 웃음꽃 207
- 시인이여, 아프지 마오! 211
- 쌀밥 215
- 숭늉을 끓이는 여자 219
- 즐거운 원평시장 223
- 얄미운 복슬이 227

제6부
Beautiful Nurse's Hands

- One Ball Five Three(1053)   234
- Beautiful Nurse's Hands   238
- Kimchi Day   243
- Hanbok   248
- Cotton Blanket   253
- Ondol room   258

평설: 파토스, 실존적 세계관을 위하여
−정순옥의 수필세계   261

· 제1부 ·

몽돌과 막돌

숨결

숨결은 생(生)과 사(死)의 분별이다. 숨을 쉬고 있으면 생명이 있는 것이고, 숨이 멎으면 죽음을 뜻한다. 숨결은 두 개의 콧구멍으로 들숨과 날숨이 교차하면서 공기로 몸에 산소를 공급해 세포들을 살리고 있다. 숨결은 세상과 교통하면서 살고 있음의 생동감 있는 증표다. 이 숨결이 멎으면 생애도 멎는다. 창조주께서 인간을 흙으로 창조하신 후, 마지막으로 코에 생기를 부어 넣으셨다고 진리의 말씀에 쓰여있다. 생기는 숨결이리라.

숨결은 그 사람의 건강상태를 나타내 주는 듯하다. 육체적 정신적으로 건강하면 숨결도 고르고, 그렇지 못하고 아프거나 괴로워 건강상태가 좋지 않을 때는 생리적으로 거친 숨결이 된다. 몸 세포에 필요한 산소를 공급해 주기 위해서 숨결은 무던히 노력해야만 하기 때문이다. 고른 숨결로 평생 살 수 있는 사람은 참으로 행복한 사람일 것이다. 생활의 욕심을 자꾸 털어내어 가벼운 마음으로 살게 되면 숨결도 한결 자유스럽고 평온하리라.

숨결은 성격을 말해주는 듯하다. 나는 직업상 마지막 숨결을 지켜보는 경우가 많은데, 생과 사의 분리 지점에서 쉬는 숨결을 보면서 많은 생각을 하게 된다. 숨결에는 그 사람의 한평생의 내면적인 성격이 표출되는 듯하다. 억세고 거친 숨결에서는 어쩐지 그 사람의 생애가 평탄하지 않았던 것 같고, 가볍고 순조로운 숨결에서는 비교적 평탄한 인생살이를 한 사람 같은 생각이 든다. 누구나 한 번쯤은 생존 세계에서 영원 세계로 가는 순간의 마지막 숨결을 생각해 볼 일이다. 삶과 죽음의 문턱에서 본향으로 돌아가는 평온함이 서린 숨결이라면 얼마나 좋겠는가.

숨결에도 향내를 품고 있음을 느낀다. 숨결은 후각을 통해서 이루어진다. 후각은 향기를 알아낼 수 있기에 인생을 살면서 스친 수많은 냄새를 품고 있다. 자연과 소통하면서 착하고 겸허하게 살아온 인간의 향기를 풍기는 숨결은 참으로 고결하다. 그리스도 사랑의 향기를 품은 숨결은 인간적인 향기로 사람들의 가슴 속 깊은 세포에 스며든다. 커피 향같이 고소한 냄새를 풍기는 사람도 있다. 때로는 역겨운 고약한 냄새를 풍기는 사람도 있다. 향기를 품은 숨결을 내뿜으면서 살 수 있는 사람들은 아름답다는 생각이 든다. 비단결같이 곱고 그리스도 향기를 품은 숨결이라면 어느 누구라도 곁에 있고 싶을 것이다.

숨결은 옆에 있는 사람을 변화시켜주는 능력을 갖추고 있다. 명주 털같이 보드라운 아기의 숨결은 옆에 있는 사람의 숨결도 조용히 변화시켜준다. 아무리 인생살이가 힘들어도 웃으며 즐겁게 사는 것이 하나님의 뜻이라고 했으니 행복 품은 숨결이 되도록 노력해야 하리라. 내 숨결은 어떤가. 순한 숨결로 옆 사람들을 편안하게 하고 있는지. 조용히 내 숨결을 감지해 본다.

꽃비에 묻힌 위안부의 눈물

　바람이 휘~ 젓고 지나가니 꽃잎들이 우수수 떨어져 꽃비가 된다. 꽃비는 비가 내리듯 꽃들이 꽃샘바람에 못 이겨 흩뿌려지며 떨어지는 시절이 주는 아름다운 모습이다. 나는 벚꽃 산수유 매화꽃 등 아름다운 꽃들이 떨어지면서 연출하는 꽃비들 중 벚꽃 꽃비에 묻힌 위안부의 눈물을 본다. 활짝 피지도 않은 여들여들한 연분홍 꽃망울이 만개한 꽃잎에 섞여 텅 빈 하늘에서 흩날리며 꽃비가 되어 땅에 떨어져 사람들의 발길에 밟히고 으깨어 가는 모습에서 애잔한 위안부를 생각하니 목이 멘다. 일제 강점기에, 힘없는 나라에 태어난 죄밖에 없는데 성노예, 위안부. 근래엔 위안부가 매춘했다고 논문을 발표한 미국 하버드대 램지어 교수의 망언에 꽃비 되어 떨어지는 위안부의 속울음이 내 가슴을 쓰리고 아프게 한다.
　벚꽃이라 부르면 한국꽃과 같고 사쿠라 부르면 일본꽃 같은 다른 문화의 이미지를 주면서 한민족의 정서를 민감하게 하는 이중성을 가진 꽃. 지구촌 어디에서든지 좋은 흙과 공기와 물과 여러 가지 적합한 환경이 맞으면 자라는 꽃이기에 꽃의 원천은 아무도 모른다. 꽃은 자연이 인간에게 준 아름다운 선물일 뿐이다. 그런데도 일제 강점기에는 자기

나라 꽃이라고 조선인이 벚꽃놀이하는 것도 제지당했다. 내가 다닌 원평초등학교 교정에도 커다란 벚나무가 몇 그루 있었는데 꽃비를 맞으며 언젠가는 없어질 나무를 아쉬워했던 것 같다. 해마다 가는 봄 소풍은 꽃구경하러 금산사로 갔는데 절 입구로 가는 길가에 흐드러지게 피어난 벚꽃의 아름다움에 취했다가 꽃샘바람에 못 이겨 떨어지는 꽃비를 촉촉이 맞으며 집으로 돌아온 후 꽃비앓이를 했던 때도 있었다.

세찬 바람에 못 이겨 땅에 떨어지는 꽃잎들은 얼마나 슬플까. 더군다나 활짝 피워 보지도 못한 채 어이 없이도 떨어지는 꽃잎은 얼마나 원통할까. 내 눈엔 꽃비가 연분홍 순결한 소녀 위안부로 보인다. 잊으려 옛날 일을 잊으려 해도 잊히지 않는 역사 속의 짓밟힌 연분홍 꽃잎들이 자꾸만 생각나 가슴을 아리게 한다. 수치스러워 침묵으로 많은 세월을 보낸 위안부들이 지금은 기림비로 '평화의 소녀상'이 되어 성차별과 불평등뿐만 아니라 세계의 평화를 위해 싸우고 있다. 다시는 역사의 비극을 갖지 않으리라 다짐하며 깨어있는 높은 시민 정신이 있기에 위안부 원혼들도 통한을 승화(昇華)시켜 새로운 꽃으로 다시 피어날 아름다운 꿈을 꾸고 있을 것이다.

학술지 법경제학 국제리뷰(IRLE)에 실린 미국 하버드대 로스쿨 마크 램지어 교수의 논문 "태평양 전쟁의 성계약/Contracting for Sex in the Pacific War"에서 위안부가 합법적 계약에 따라 자발적으로 매춘했다고 주장해 국제적으로 비난을 받고 있다. 언젠가 증언하리라는 비장(悲壯)한 각오로 살아온, 거대한 힘에 억지로 끌려간 위안부 할머니들의 산증인 앞에 연구 논문 따위가 감히 활개를 치려 하다니-. 본질적인 인권 문제에 관한 전문적인 논문을 쓰려면 직접 현장에서 성노예를 경험한 새까만 머리카락에 앳된 얼굴이 이제는 허연 머리카락에 주름살 투성이의 할머니들이 되어버린 위안부의 산 증언의 말씀에 귀 기울여야 하지 않겠는가. 위안부 강제 모집은 일본 군국주의가 2차 세계대전 기간에 아시아 지역 국민을 대상으로 저지른 심각한 반인도적 범죄임을 지구촌 사람들은 모두 다 알고 있는 진실이다. 진실은 변할 수가 없는 진리(眞理)인 것이다. 망언한 램지어 교수는 국제사회가 반성을 촉구하고 있고 제자들도 학문의 자유에는 책임과 전문성이 따라야 함을 강조하며 팩트 무시, 중대함 결함을 외치며 공개비판하고 있으니 하루빨리 허위 논문을 철회하고 위안부에게 깊이 사죄를 해야 할 것이다.

위안부, 일본의 침략주의 정책에 따라 일제 강점기 시대를 보낸 우리 민족의 한(恨)을 안고 꽃비는 울고 있다. 꽃비에 묻힌 원혼들은 과거와 현재 진리와 허위 사이에 몸부림치면서 통곡을 한 후엔 고통에서 벗어나 새 희망을 안고 새로운 아름다운 꽃송이로 사랑 품고 피어날 것이다. 우리나라와 일본의 관계는 역사적으로 원만한 관계가 아니어서 언제나 껄끄럽기 그지없다. 정말이지 가깝고도 먼 나라 멀고도 가까운 나라로 얽힌 인연이 많은 사이다. 우리나라에서 꽃비가 내릴 때쯤 일본도 꽃비가 내린다. 나는 슬픈 마음의 위안부 꽃비 되어 울고 너도 참회하는 마음의 위안부 꽃비 되어 울면 그 속엔 보이지 않는 지구촌 사랑이 생겨 세계는 하나가 될 수 있겠다.

꽃비가 멈추면 연둣빛 이파리들이 더 짙게 봄의 향기를 빚어낼 것이다. 그리고 인내로 또 한세월을 견디면서 새롭게 피어날 신선한 꽃들을 기다릴 것이다. 역사의 소용돌이 속에서 강한 억압에 짓눌려 위안부로 살다간 꽃도 활짝 피워보지 못한 상처가 통곡이 되어 하늘 높이 올라가 꽃비 되어 떨어지는 꽃다운 영혼들을 생각하며 나는 눈물방울을 터뜨린다. 하늘에서는 나라를 사랑하는 원혼들의 통곡 소리가 땅에서는 꽃비가 되어 떨어지는 위안부의 눈물을 맞으며 우는 후세의 울음소리가 바람 타고 멀리멀리 평화의 초록 바다를 건너가고 있다. 이 소리는 정녕 누군가의 가슴을 뜨겁게 울려 새로운 세계의 장을 열게 될 것이다. 절대로 망각할 수 없는 뼈아픈 역사의 비극이요 과오지만 서로서로 손을 잡고 속죄하고 용서해 주면서 화해하여 따뜻하고 성숙한 새로운 역사의 장(場)을 열어 가야 한다.

나는 꽃비. 너도 꽃비. 우리 모두 마음속에 사랑 품은 꽃비가 되어 이 세상을 아름답게 해야 한다. 이 지구촌은 혼자가 아니라 서로서로 힘을 모아 함께 행복하게 살아가라고 허락받은 터전이다. 사랑 품은 꽃비는 억울하고 애잔한 삶을 살아온 위안부들의 눈물이요 또한 너와 나의 눈물이다. 꽃비에 묻힌 위안부의 눈물이 시절 따라 은둔(隱遁)했다가 다시금 새로운 꽃으로 피어날 때 우리는 아름다운 세계를 향한 희망 노래를 부르리라.

별이 빛나는 밤에

21세기 최고작으로 꼽히는 빈센트 반 고흐의 '별이 빛나는 밤' 속에 나도 있다. 내 아름다운 삶은 대부분이 우주와 조화를 이루는 별이 빛나는 밤에 이루어지고 있음이다. 희망을 품고서 역동하는 나 자신을 표현해준 그림 같아 나는 이 그림이 좋아 자주 시선이 머물 수 있는 벽에 걸어놓고 있다. 내 아름다운 삶의 꿈이 하나의 별이 되어 밤하늘에 빛나고 있음이다.

나는 별이 빛나는 밤에 일터로 나간다. 별이 빛나는 것은 하늘이 깜깜해서다. 그리고 구름이 방해하지 않아야만 밤하늘에 별이 빛난다. 별이 빛나는 밤엔 달도 보일 때가 있다. 이럴 땐 서로 아름다운 배경이 되어 밤하늘은 더욱더 찬란하다. 별이 하늘에서 빛을 발할 수 없을 때는 내 가슴속으로 스며들어 빛난다. 주로 도로 공사를 밤에 하는데, 나는 그곳에서도 별이 빛나고 있음을 본다. 도롯가에 있는 나무들에 물을 주면서 서서히 움직이는 자동차의 불빛 속에서도 별은 빛난다. 새로운 날을 위하여 식료품을 나르는 커다란 트럭도 조심스럽게 밤에 움직인다. 별이 빛나는 밤에 수고하는 사람들이 있기에 낮이 아름답고 풍요롭다는 생각을 해본다. 별이 빛나는 밤에 하늘을 올려다보면 나도 모르게 찬송가 한 구절을 소리 내어 부르게 된다. 참 아름다워라. 주님의 세계는… 아름다운 세계에서 살 수 있는 축복을 주신 하나님께 나는 늘 감사드린다.

정신적인 고통의 소용돌이를 표현했다는 화가의 그림 속에는 내 고통도 서려 있음을 본다. 고통의 소용돌이 속에서 나는 정신을 차릴 수가 없는데 노오란 희망의 별빛은 언제나 내 곁을 지키고 있다. 밤에 운전하고 가다가 방향을 잃으면 빛나는 북두칠성을 푯대로 삼고서 간다. 그러면 삶의 터전이 저만치에 있다. 별같이 아름답게 살고 싶은 소망이 별에 닿는다. 어둠에서 빛을 보며 가슴에 품은 꿈처럼 나의 조그마한 사랑과 헌신이 누구에겐가 희망의 별이 되어준다면 얼마나 좋겠는가. 나는 사명감을 갖고 정성을 다하여 아픈 자들의 귀한 생명을 간호하면서 마음에 평화를 얻을 수 있는, 내 소박한 꿈을 이룰 수 있는 터전이 나를 기다리고 있음에 행복하다.

서서히 사라져 가는 세상살이의 욕심은 별이 빛나는 밤이 나에게 준 선물이다. 별처럼 아름다운 나라에서 살고 싶으면 몸이 가벼워야 함이다. 나에게 묻은 세상살이의 찌꺼기를 자꾸자꾸 없애야 몸이 가벼워져 아름다운 별처럼 하늘나라에 떠 있을 수 있지 않겠는가. 나는 오늘도 별에 닿은 내 소망을 이루게 해주시라고 깊은 기도를 드린다. 땅에서 사는 내가 하늘에 갈 수 있는 길은 오직 나를 구속해 주신 주님의 은혜로만이 이루어질 수 있음을 별이 빛나는 밤에 다시금 생각게 한다. 아름다운 세상을 창조해 주시고, 별이 빛나는 밤에 생동하는 삶을 이어나가게 해주시는 창조주께 겸손히 엎드려 경배드리고 싶은 마음이다. 별이 빛나는 밤에 내 꿈도 빛난다.

LA 폭동날 밤하늘엔

1992년 4월 29일. LA(Los Angeles) 폭동날 밤하늘엔 온통 건물이 불타는 매운 연기와 무서운 총소리로 천사라는 이름을 가진 도시가 지옥의 도시로 변해버렸다. 한인타운의 수많은 사람은 송두리째 없어져 버린 삶의 터전에서 이민자의 꿈을 잃고 절망감에 통곡하며 울었던 날이다. 그러나 나는 미주 이민자의 꿈을 본다. 미주 한인들에게 깊은 상처를 준 LA 폭동날 밤하늘엔 수많은 미주 한인의 차세대 별들이 숨겨져 있었음을 나는 알 수 있기 때문이다. 미주 이민자로 행복한 삶을 꿈꾸며 성실과 근면으로 열심히 살았던 죄밖에 없는 미주 한인들의 억울한 피눈물을, 그 별들은 때가 되면 진실을 빛으로 발산해 낼 것이다. LA 폭동은 흑한 불화가 아니라 미국의 고질병인 흑백 갈등의 분출구로 미주 한인들이 희생양이 되었음을.

미국 주류 언론사들은 한인 상인들과 흑인 고객들 간의 불화가 폭동의 주된 원인이라고 연일 보도했다. 연약한 한인 사회는 폭동이 시작되자 경찰에 신고했지만, 늦장 진압으로 보호받아야 할 공권력에 무시를 당하면서도 옳은 소리를 낼 힘이 없어 당하기만 했다. 미국 정부는 인종 갈등이 심한 흑인들의 분노가 너무 커서 흑인 밀집 지역과 가까운 한인타운이 희생되는 걸 방치했다는 사실을 충격받은 한인들은 알고 있다. 그 당시 폭동현장을 생중계했는데 약탈자가 대부분 흑인이 아니라는 것이다. 미국 미디어들은 흑한 갈등을 더 부추기면서 인종차별 문제를 교묘하게 열약한 미주 한인들에게 전가했다.

사람들의 생각과 행동에 절대적 영향을 미치게 되는 미디어들을 통해서만 이 사건을 접하게 되는 사람들은 미주 한인들의 흑인 인종차별로 폭동이 일어났다고 알고 있다. 그러나 전 세계가 비디오 장면으로 보았던 '로드니 킹 사건'에서 흑인 운전사를 무자비하게 구타한 백인 경찰관들이 무죄판결을 받자 미국의 고질병인 인종차별 문제가 터진 것임을 우리는 알 수 있다. LA 폭동날 밤하늘에 숨겨져 있던 별들이 공정과 신뢰를 바탕으로 한 정의로운 정치인으로 언론인으로 인권 변호사 등으로 많이 나와 진상을 밝혀야 한다. 나는 차세대 한인사회가 이 세상을 아름답게 장식해 갈 꿈을 꾸고 있다. LA 폭동 밤하늘에 숨겨져 있던 아름다운 차세대 별들이 새로운 비전을 품고 있음을 알고 있기 때문이다.

미국은 1965년 이민법이 개정되면서 다양한 인종이 섞여 사는 '샐러드볼'로 변모했다. 각기 다른 나라의 특성을 살리면서 서로 어우러져 아름답고 강한 힘을 가진 미합중국(United States of America)을 만들어 가고 있는 것이다. 우리 한국인들이 아메리칸 드림을 안고 미주 이민을 시작하면서 감정적으로나 실질적으로 가장 깊게 연대하는 것은 흑인이다. 수많은 한인이 흑인과 가정을 이루고 행복하게 사는 모습을 나는 눈으로 직접 보고 있다. 미주 이민 초기에는 많은 한인이 주로 흑인을 상대로 가발업체나 의류시장에서 성공을 거두었다. 한국인과 흑인들은 좋은 관계 속에서 살고 있지 갈등의 사이가 아님을 현지에 사는 한인들은 안다. LA 폭동 때도 어떤 흑인들은 한국인 가게를 지켜 약탈을 막아내기도 했다. 한인타운 부근에서 사는 나는 단연코 말할 수 있다. LA 폭동은 한흑갈등이 아니라 미국의 고질병인 백인 우월주의에 대한 흑백 인종차별의 분출구였노라고. 또한, 미국 언론들은 비열하게 한국계 미국인을 이용해 힘이 약한 미주 한인들에게 책임을 전가했노라고.

다인종 속에서 소리 없이 열심히 살기만 했지 정치적으로나 언론적으로 힘이 없으니 폭력을 당하면서도 막아내지 못했다. LA 폭동이 있기 전엔 두순자 사건이 있었다. 상점을 운영하던 한국인이 15세 흑인 소녀 라타샤가 오렌지 주스를 훔쳐가는 것으로 오인해 몸싸움 끝에 사용법도 모르는 총으로 뜻하지 않게 사살한 사건이다. 법원은 400시간의 사회봉사 활동 명령과 집행유예 판결을 5년 선고받았고 벌금 500달러와 라타샤의 장례식에 관련된 모든 비용을 지불하게 했다. 미국 미디어들은 로드니 킹 사건에서 흑인들의 시선을 돌리기 위해 한국계 미국인을 희생시켜 고작 오렌지 주스 때문에 살인했다고 집중보도하면서 미국의 고질병인 인종차별 문제를 미주 한인들에게 비열하게 전가했다. 미주 한인들은 모든 면으로 열악하여 피해자를 가해자처럼 매정한 미주 한인으로 비하한 굴욕을 당한 셈이다. 이 일로 다인종 속에서 살아가는 삶의 교훈을 얻었으니 미주 한인들을 한민족의 얼을 품고 세계를 향해 당당하게 힘을 키워나가야 하리라.

설렘과 새로운 결심으로 시작한 미주 이민 생활이 LA 폭동 탓에 꿈이 깨지고 삶의 절망감으로 우울감에 빠진 한인들. 그래도 인정 많은 이웃들과 여러 단체들과 기관이 아픔을 위로하며 사랑과 관심을 갖고 도와주어 새로운 각오로 오뚝이처럼 다시 힘있게 일어설 수 있었다. 미주 이민자들은 LA 폭동을 겪으면서 조금이나마 다인종과 어우러져 살아가는 삶의 방법을 터득했으니, 미주 한인이란 공동체는 서로 사랑하며 이 터전을 꿈을 이루는 천사의 도시로 만들어나가는 데 앞장서야 하리라. 지금은 과거의 일이 되었고 사람들의 뇌리에서 점차 잊혀 가고 있지만, 역사에 남아있는 한흑과의 불화가 주된 원인이었다는 LA 폭동의 진상 규명을 해야 한다. 미국의 고질병인 흑백인종 차별에 연약한 미주 한인들이 희생당한 폭동이었다는 진실 말이다.

꿈과 희망 그리고 용기를 갖고 인내로 어려운 시기를 넘기면서 살기 위해 몸부림쳤던 미주 한인 1세들. 아픔의 상흔을 지울 수는 없지만, 은근과 끈기로 이민자의 꿈이 되살아난 한인타운을 이룬 미주 한인 1세들의 노력은 후세대들의 자랑거리가 되어야 할 것이다. 때가 되면, LA 폭동날 밤하늘에 숨겨져 있던 수많은 별들은 그날의 진실을 밝혀내 밤하늘을 찬란하게 빛낼 것이다.

낮달

 낮달을 볼 수 있다는 것은 행운이다. 낮인데 달이 있네? 함께 걸으면서 나의 새로운 수필 독자가 되신 홍보석 님의 입에서 감탄사가 흘러나온다. 그~러~네, 낮에 나온 달? 언제나 내 수필에 깊이를 더해 주시는 귀중한 독자, 박미숙 사모님의 감탄사다. 아! 낮달. 참으로 아름답다. 정말로 해님이 쓰다 버린 쪽박 같네. 나는 하늘을 올려다보며 감탄사를 보낸다.
 "낮에 나온 반달은 하얀 반달은 해님이 쓰다 버린 쪽박인가요. 꼬부랑 할머니가 물 길어 갈 때 치마끈에 달랑달랑 채워 줬으면."
 어느 사이에 어린 시절에 많이 불렀던 동요를 합창하고 있는 행복에 찬 여인들의 음성으로 때로는 쌍무지개가 떠올라 가슴을 뛰게 하는 몬터레이 해변을 온통 낭만의 장소로 변화시켜 버린다. 아직도 '수필가'라는 말이 어색하기만 한 나이지만, 한·영 에세이 《베틀》 출판을 축하해 주는 독자에게 점심을 초대받은 호사를 누리는 나를, 낮달이 축하해주고 있는 것이다.
 낮달은 수시로 하늘에서 나를 보고 있었을 것이다. 내가 낮달을 바라볼 여유가 없어 못 보았을 뿐이지…. 무엇이 그리도 바빠서 눈을 들어 새파란 하늘 한번 보는 여유도 없이 살고 있는지 모르겠다. 내가 언제 낮달을 보았던가. 까마득한 옛날 같기만 하다. 낮달은 얼굴이 조금은 창백해지도록 참 많은 세월을 나를 위해 기다리고 있었을 것이다. 오늘의 즐거운 재회를 위해. 너무도 반가워 낮달을 내 가슴에 품으니 눈시울이 뜨거워져 눈물이 자꾸만 솟구쳐 나온다. 낮달과 나는 눈이 흐려져 얼굴을 볼 수가 없어 서로서로 이름만 부르면서 부둥켜안고 있는데 물새들도 덩달아 끼룩끼룩 소리를 내면서 뭉게구름이 떠 있는 창공을 맴돌고 있다.

정다운 옛친구 낮달. 몬터레이 해변에 쏟아지는 햇살 사이로 낮달과 재회를 즐기는 내 얼굴을 이른 봄바람은 감미롭게 스치면서 축하해준다. 낮달은 언제라도 나와 사랑의 대화를 나누고 싶어 중천에 떠 있다. 나는 그 마음을 알기에 가슴이 뿌듯해진다. 나를 늘 지켜 보고 있으면서 조용히 내가 찾아 줄 때까지 기다림의 미학을 보여주고 있는 낮달. 몬터레이 해변에 지천으로 자라고 있는 꽃잔디도 하늘을 유유히 날고 있는 페리킨도 쪽빛 바닷물 위에서 추는 고래들의 춤을 보러 가는 여행객을 실은 통통배도. 모두들 낮달에 취해 있는 내 마음을 아는 듯 미소를 머금고 있다. 나는 낮달이 준 행복을 가슴 깊이 간직하려는 듯 해풍에 펄럭이는 내 옷깃을 여민다.

나도 낮달처럼 누군가에서 행복을 줄 수 있는 사람이 된다면 얼마나 좋을까. 인생을 나눔으로 사랑의 세계를 넓혀가는 수필을 나는 더욱더 정성을 다해서 써야 하리라. 밝은 태양에 가려 희미한 존재인 낮달이 나를 행복하게 해준 것처럼 미비한 나의 수필도 어느 누군가에겐 행복한 마음을 불러일으키는 글이 될 수도 있을 터이니.

몽돌과 막돌

이 세상에서 지금도 태고의 자연환경이 주는 아름다움을 간직하고 있는 알래스카. 가슴 설레는 기차여행 중에, 몽돌과 막돌이 뚜렷하게 대조되어 아름답게 보이던 모습이 한 폭의 그림처럼 내 머릿속에서 사라지지 않고 있다. 강물이 흐르는 곳에 있는 결 고운 몽돌이나 나무들이 자라고 있는 산속에 있는 거친 막돌이 나름대로 색과 무늬를 띄고 있어 모두 아름답다. 우주 만물의 여러 가지 환경으로 잘 다듬어지면서 소리를 내는 몽돌 같은 사람들과 자연스러운 막돌같이 침묵으로 나를 지탱해 주는 사람들이 살아가는 세상을, 나는 인생열차를 타고서 즐겁게 여행하고 있다.

몽돌은 그리도 힘없고 유연한 물줄기가 기나긴 세월 동안 거친 돌을 쓰다듬듯이 스치므로 닳아져 매끈매끈하고 둥글납작하게 된 돌이다. 몽돌에서는 삶의 소리가 난다. 지구촌 어느 산골에서부터 흘러온 찰랑거리는 물소리, 바람이 스치는 소리, 먹구름 사이로 햇살이 비치는 소리……. 쉴새 없이 움직이는 세상 만물의 숨결이 사랑스러운 몽돌로 변하게 한 것이다. 내 인생살이는 대부분 몽돌같이 매끄럽게 다듬어진 사람들과 하고 있음을 느낀다.

그런가 하면 막돌은 아득한 침묵을 준다. 오랜 세월 동안 켜켜이 쌓여있는 꾸밈없는 흙이 온 가슴으로 안아 미풍 같은 가는 흔들림까지도 막아내어 함부로 몸을 닳게 하지 않은 지조 있는 듬직한 돌이다. 풍화와 침식의 거센 세월에도 이지러지지 않으려고 자기 자리를 굳게 지키며 꾸밈없이 은혜를 베푸는 흙만을 붙들고 있다. 생명의 신비를 안고 자라나는 산천초목의 뿌리에도 침묵으로 버팀대가 되어줄 뿐 결코 자기의 모양새를 흩뜨리지 않는다. 수런거리는 삶의 소리를 내지 않고 침묵으로만 변함없는 사랑으로 감동 감화를 주는 막돌 같은 사람도 내 주위에는 있다.

몽돌과 막돌은 다른 모양을 나타낼 뿐 돌 향기는 같다. 몽돌같이 삶의 소리를 내는 사람이나 막돌같이 침묵으로 삶을 이어가는 사람이나 사람의 향기는 같다. 하나님이 허락해주신 이 세상에 사는 동안 나는 끊임없이 몽돌 같은 사람과 막돌 같은 사람들 틈에서 인생열차를 타고 달릴 것이다. 바람이 실어온 세상 이야기들을 다 품고서 소리를 내는 몽돌 같은 사람은 나에게 삶의 재미를 주고, 깊이 속으로만 소리를 내며 겉으로는 침묵하고 있는 막돌 같은 사람은 내 삶의 버팀목이 되고 있다. 내가 아름다운 꿈을 찾아 가슴이 부풀어 나설 때면 이들은 똑같이 우렁찬 박수로 내 새로운 인생길을 축하한다. 그러기에 나는 매끈매끈하게 생긴 몽돌 같은 사람도 우직하게 생긴 막돌 같은 사람도 내 인생길 옆에서 살아 주는 것만으로도 감사하고 행복하다.

몽돌같이 아름다운 소리를 내는 사람들과 막돌같이 침묵으로 나를 지탱해 주는 사람이 공존하여 조화를 이루는 아름다운 세상을, 오늘도 나는 인생열차를 타고서 즐겁게 여행하고 있다.

강대미 언덕

강대미 언덕이 있다. 모악산과 올망졸망한 마을들과 들녘을 한눈에 바라볼 수 있는 곳이다. 자연이 살아 숨 쉬는 곳, 이 세상 사람이면 누구나 따뜻하게 품어 주는 곳이다. 봄 여름 가을 겨울, 사계절의 아름다운 자연 풍광을 감상하고 싶으면 가볼 일이다. 외로울 때는 메아리가 친구가 되어주는 그 언덕에 가볼 일이다. 첫사랑의 그리움을 달래려면 그윽한 찔레꽃 향기 품고서 사랑으로 포근히 감싸주는 강대미 언덕에 가볼 일이다. 삶의 기쁨과 행복을 느끼려면 솔바람이 옷깃 속으로 살짝이 들어와 가슴을 시원하게 해 주는 강대미 언덕에 가 볼 일이다.

삶에 새로운 생기를 갖고 싶으면 신선한 산소가 허파의 세포로 스며들면서 죽어가는 사람도 바라만 보면 살 수 있다는 모악산의 정기를 받을 수 있는 그 언덕에 가볼 일이다. 삶의 색깔을 만끽하고 싶으면 전쟁 땐 식량이 되기도 했다는 진득진득한 황토를 밟으며 고불고불 기어서 올라가야 하는 강대미 언덕에 가볼 일이다. 위대하신 창조주의 오묘한 무지개 꿈이 서린 영원한 사랑을 느끼려면 모든 것들이 어우러져 화합을 이룬다. 내가 어릴 때, 모악산이 보이는 김제군과 강대미 마을을 볼 수 있는 정읍군을 이어주는 강대미 언덕에 가볼 일이다.

봄이면 해맞이를 한 잔설이 시나브로 녹아내리면서 땅속에 스며 있는 우주의 온기가 씨앗들을 발아시켜 침묵을 깨고 여기저기서 생명을 잉태하는 꿈틀거림으로 수런거린다. 진달래꽃이 피어나고 있다고 숲속에서 뻐꾹새가 뻐꾹! 뻐꾹! 노래한다. 종달새가 푸드덕! 아지랑이 아른거리는 낮은 창공을 나르면서 새 생명인 알을 낳았음을 날갯짓으로 알린다. 논두렁 밭두렁에선 향기 품은 쑥들이 고개를 쑥쑥 내밀면서 암팡진 바구니 들고 나물 캐러 봄나들이하는 아가씨들을 기다린다. 홍자색 자운영꽃들은 나풀나풀 날아와 살포시 입맞춤하는 나비들과 윙윙거리며 날아와 뜨겁게 입맞춤하는 벌들의 사랑에 부끄러워 얼굴이 발그레하게 익는다. 달팽이는 촉수를 곧게 세우고 어딘가에 닿아 있을 사랑 찾아 어슬렁어슬렁 기어간다. 농부들은 이랴~ 낄낄~ 소몰이하면서 쟁기로 벼 심을 다랑논 갈이를 한다. 강대미 언덕에서 보이는 마을에서 살구꽃 복숭아꽃이 피기 시작하면 보는 사람의 마음마저 온통 연분홍색으로 물든다.

여름이면 싱그러운 초록의 물결이 들판을 뒤덮는다. 밭에 있는 보리들이 익어가는 냄새들로 지나가는 사람들의 마음을 풍요롭게 한다. 하늘을 향해 쭉쭉 뻗은 커다란 미루나무 숲속에선 매미들이 귀하디귀한 짧은 생애를 자축이라도 하듯이 맴맴! 합창하는 소리가 멀리서 들린다. 원두막 안엔 농부들의 장래에 대한 소박한 꿈이 서리고, 여름밤 하늘은 수많은 별의 찬란한 이야기가 보는 사람들의 가슴으로 쏟아져 내려 낭만이 깃들게 한다. 시냇가에선 아이들의 물장구치는 소리와 송사리 떼 잡는 즐거움의 소리가 파아란 창공으로 퍼진다. 각종 농작물은 성장 호르몬들이 왕성해져 세포들이 활발히 움직이면서 왕성한 삶의 진가를 보여준다. 불볕더위와 사나운 폭풍 속에서도 강하게 살아남은 농작물들은 더욱더 싱싱하게 자라면서 알알이 열매를 맺어간다. 하늘에선 흰 구름이 평화로이 그림들을 그려내 바라보는 사람들에게 상상의 나래를 펼쳐 희망을 품게 한다. 서로가 아름다운 인연을 맺어가면서 초록 색깔로 세상을 꾸미면 이 세상은 자유와 평화만이 존재할 것이라고 바람결 소리에 듣는다. 여름의 강대미 언덕은 사방천지가 손으로 쥐면 초록물이 주르륵 흐를 것 같아 사람의 마음까지도 초록으로 물들인다.

　가을이면 모악산 봉우리로 솟아오른 쟁반같이 둥근 보름달에 강강술래 노랫소리가 절로 흥을 돋우는 추석을 제일 먼저 맞이하는 곳. 고개 숙인 노오란 벼들이 황금 물결을 이루며 풍성한 결실의 계절을 노래하는 곳. 각종 농작물이 익어가는 소리에 삶의 재미가 솟아나는 곳. 강대미 언덕을 오르다 보면 여기저기에 피어 있는 노오란 들국화 향기가 정신을 신선하게 하여 피의 흐름을 맑게 한다. 강대미 언덕에서 바라다보이는 들녘은 추수감사절을 그대로 보여주고 있다. 농부들이 추수하면서 흥겹게 부르는 풍년가는 듣는 사람들의 마음을 즐겁게 하여 어깨춤이 절로 난다. 강대미 언덕은 온갖 나무들이 울긋불긋 단풍색으로 변해 신비한 아름다움을 보는 사람들이 행복해지며, 들녘에서 자라고 있는 온갖 식물들이 갈색을 띠면 보는 사람들의 마음까지도 갈색으로 변하고 만다.

　겨울이면 소록소록 내린 새하얀 함박눈이 들판을 덮어 이 세상의 깨끗함과 함묵의 아름다움을 보여주는 곳. 강대미 언덕에서 보이는 초가집 굴뚝에서 하이얀 연기가 모락모락 솟아오르면 오순도순 가족들의 사랑 대화가 끊일 줄 모른다. 농부들의 손에 의해서 거둔 벼들은 알곡은 사람의 생명을 살리는 양식으로, 남은 몸 일부는 사람이 살아갈 수 있는 초가지붕을 덮기도 하고 혹은 온돌방을 따습게 하는 땔감으로 소임을 다 한다. 초가집 처마엔 수정 고드름이 주렁주렁 달렸고, 홍시를 드리는 손자들의 귀여움에 할아버지 할머니들 인생살이의 행복이 훈훈하게 피어나고 있다. 흰 눈 속에서 빨갛게 피어나는 동백꽃의 순정을 동박새가 부지런히 보는 사람들의 가슴 속으로 나르고 있다. 흰 눈이 강대미 언덕 골짜기에 펑펑 내려 우주의 기운을 새롭게 만들어 갈 때엔 겨울을 지나는 사람들의 마음까지도 온통 순백이 되어버린다.

　강대미 언덕은 사람이 살아가고 있는 아름답고 평화로운 모습을 한눈 안에 옴싹 볼 수 있다. 이 세상을 살아가면서 듣고 싶은 생생한 삶의 소리와 꽃들의 향기와 아름다운 빛깔이 담긴 자연명화를 한눈에 볼 수 있는 곳. 봄 여름 가을 겨울 사계절을 품고서 오묘한 우주의 기운에 둘러싸여 있는 모악산이 보이는 강대미 언덕은 오늘도 누군가를 사랑으로 맞이하려 생의 활력소를 품어내고 있다. 그러기에 나는 이 시간도 추억 속의 강대미 언덕을 오르고 있는 것이다. 자연의 아름다운 향기와 색깔과 소리를 만끽하면서 새로운 삶을 활기 있게 살고 싶어서 말이다.

솜이불

　솜이불은 목화솜으로 만든 이불이다. 나는 결혼한 날부터 지금까지 해마다 추운 날엔 솜이불을 덮고 잔다. 내 몸을 따스하고 포근하게 감싸주는 솜이불은 어머니의 인내와 사랑이 듬뿍 담겨 있는 내 혼수 이불이다. 내가 이 세상을 떠나는 날까지 혼수 솜이불은 나와 함께 있을 것이다. 나는 솜이불 속에 있으면 시집올 때 만들어 주신 어머니의 따뜻한 가슴속에 안겨 있는 느낌이 들어 무척 평화롭고 행복해진다. 항상 솜이불처럼 따스하고 포근한 마음으로 주위 사람들을 대한다면 지구촌 어딘가에 따스한 기운이 돌 수 있으리라는 생각을 해 본다.
　지금 사용하고 있는 목화솜 이불은 아마도 내 유년 시절부터 만들어지지 않았나 싶다. 내 유년 시절 기억으로 우리 엄마는 항상 목화송이를 따다 말리면서 우리 막내딸 시집 보낼 때도 사용할 것이라는 말씀을 하셨던 것 같다. 나까지 솜이불을 해주고 싶은 소망으로 하얀 목화송이를 손에 들고서 환하게 웃으시던 모습이 눈에 선하다. 해마다 복슬복슬한 목화송이를 조금씩 따다 말려서 모아두었다가 행복하게 살라며 혼수 이불을 해주신 친정어머니의 아련한 추억 중 하나다. 내가 덮고 있는 포근한 감촉을 주는 솜이불은 우리 어머니의 인내와 사랑으로 만들어진 이 세상에서 단 하나뿐인 귀중품이다. 내가 추울 때 나를 따뜻하게 해주고, 내가 외로울 땐 어머니의 사랑 속에 묻혀 있는 느낌이 들곤 하는 솜이불. 나는 솜이불 속에서 항상 행복을 느끼곤 한다.

목화 이야기는 학창시절 교과서를 통해서 배운 한국 역사 중 성공신화 이야기다. 고려 시대 문익점은 학자로 원나라에 사신을 보좌하여 기록을 담당하는 서장관의 자격으로 가게 된다. 원나라에서 남몰래 붓두껍 속에 목화씨 세 개를 넣어 가지고 와서 심었으나 겨우 한 개만 살아남았다고 한다. 해를 거듭할수록 번성해 사람들에게 직조를 가르쳐 백성을 이롭게 한 사실이다. 문익점은 조정에서 파면당한 뒤에는 고향에서 목화 재배에 집중하여 대중들에게 일반화시켰다. 목화 하면 문익점이지만 사실은 더 일찍 삼국 시대에 우리나라에서 목화를 재배했다는 사실을 삼국사기 기록 중 '고구려는 면포가 있다.'라는 내용에서 찾을 수 있다. 백성을 사랑하는 선조가 있었기에 목화를 재배하게 되어 추위로부터 사람을 구한 숨 쉬는 천연 솜, 폭신폭신하고 감촉이 아주 좋은 목화솜 이불을 덮을 수 있음은 행운이 아닌가.

솜이불이 만들어지기까지는 참으로 많은 인내와 사랑이 필요하다. 봄이면 목화씨를 땅에 뿌려 김을 매고 거름 주어 키우면 여름철에 꽃이 피고 달짝지근한 열매를 맺는다. 목화 열매를 '다래'라고 하는데 달짝지근하여 시골 아이들은 부모님들의 만류에도 주린 배를 채우려고 열매를 따 먹기가 일쑤였다. 초가을이 되면 갈색으로 변한 다래 껍질 꼬투리가 터져 하얀 목화솜이 밖으로 헤집고 나와 꽃처럼 피어난다. 그래서 두 번 꽃이 피는 식물이 무엇이냐고 옛날 진사 시험에 나왔다는 이야기도 전해진다. 하얀 목화송이들이 부풀어 오르기 시작하면 일일이 껍질 속에서 빼내어 말린다. 목화송이 속에 있는 씨들을 씨앗기로 씨와 솜을 분리해 낸 후 솜을 틀어 보송보송한 솜으로 만든다. 목화솜을 안에 넣고 양단이나 유통으로 이불 겉을 만들어 새하얀 옥양목 홀청으로 솜을 감싸서 꿰매면 솜이불이 된다.

나는 원앙새가 미싱으로 수놓아진 혼수 솜이불을 첫 번째 펴던 날, 어머니 사랑 생각에 얼마나 가슴이 찡했던지 모른다. 울면 안 된다는 어머니의 가르침에 따르려고 노력했던 시절이 참으로 많이 흘러 솜이불을 잘 모르는 신세대들 속에서 옛사람으로 살고 있음을 느낀다. 이제는 혼수 솜이불도 낡고 딱딱해져서 솜 틀기를 해서 솜을 다시 재생시키고 싶은데 재외동포로 생활하다 보니 사실상 어려워 솜이불을 먼지를 털어준 뒤 따스한 햇볕에 잘 말려줄 수밖에 없는 실정이다. 언젠가는 헌 이불을 새 이불로 탄생시킬 기회가 있기를 바라지만 그럴 수 없더라도 괜찮다는 생각이다. 지금은 서울 남대문 시장에서 구해온 지퍼 달린 편리한 홑청으로 이불을 씌워 사용하기에 좋다. 자주 세탁할 수 있고 날씨 좋은 날에는 이불솜을 바람에 쐬고 햇빛에 자주 말리면 자연 살균이 되고 솜도 보송보송해지는 감촉이 든다.

겨울에 하얀 눈이 천지를 덮고 있으면 하얀 솜이불이 천지를 덮고 있는 양 추운 날인데도 추위를 느끼기보다는 포근한 느낌이 든다. 그래서인지 나는 겨울이 되면 하얀 눈들이 목화솜으로 변하면 얼마나 좋을까 하는 생각을 하곤 한다. 그러면 집이 없어 추위에 떨고 사는 사람들이 추위를 이겨낼 수 있지 않겠는가. 어렸을 때 읽었던 만화 속에서 무엇이든지 원하면 이루어 주는 '마왕'이 생각나기도 하고 전능자에게 간절한 기도를 올리기도 한다. 나는 항상 목화솜처럼 하얀 함박눈이 하늘에서 내리는 날이면 잊지 못할 어머니의 생전의 모습이 아름답게 떠오르곤 한다. 한 손엔 쌀 한 바가지 한 손엔 미역 한 묶음을 들고서 무희의 춤사위를 떠올리게끔 하얀 치맛자락을 거센 눈보라에 날리며 마을 끝자락 허름한 초가집에 사는 영철이 집을 향해 뽀드득뽀드득 눈 위를 걸어 종종걸음을 하시던 어머니의 모습이 떠오른다. 어머니의 행복한 마음으로 뿌린 사랑 물감 한 방울이 내 가슴 속으로 번져 퍼지고 있음을 느끼면서. 어머니께서 살았던 삶의 모습을 생각하면 나는 왠지 부끄러운 마음이 되어 내 몸이 더욱더 작아지는 느낌이다.

하얀 눈이 목화솜처럼 느껴지는 이 추운 겨울에 따스하고 포근한 사랑으로 나를 덮어 주는 솜이불. 내 생애의 마지막 순간까지 나와 함께할 아늑한 혼수 솜이불. 지상낙원에 있는 행복감을 느끼게 하는 솜이불처럼 따스하고 포근한 사랑으로 누군가의 추운 마음을 덮어 줄 수 있는 사람이 된다면 얼마나 좋을까. 지구촌에 함께 살아가고 있는 단 한 사람의 마음이라도 ….

이불을 덮는 두 손과 마음에 사랑의 전율이 흐른다.

일공오삼(1053)

일공오삼(1053)은 나만의 번호다. 컴퓨터시대에 살고 있는 내가 하늘문을 열 수 있는 나만의 열쇠번호라 말할 수 있겠다. 나는 이 번호를 생각만 해도 하나님이 나에게 베풀어 주신 무한한 은혜에 감사 기도가 절로 나온다. 이 번호는 직장생활을 하기 위해 맨 처음 컴퓨터에 입력해야 하는 나를 증명하는 번호다. 어느 날, 나는 이 번호는 항상 내가 일을 시작하면서 펀치(Punch)하면 찍히는 같은 번호임을 알았다. 참 우연하고 신기한 번호이기에, 나는 하나님이 주신 은혜에 감사할 수 있도록 하늘문을 열 수 있는 나만의 번호라 생각하고 있다.

주후, 2023년 3월 31일은 내 직장생활 은퇴날이다.

나는 칸터버리우드스 의료센터(Canterbury Woods Medical Center)에서 30주년 기념파티와 함께 51년 간호사 생활을 마감한다. 미국에서 가능한 파트타임까지 합쳐 엿가락처럼 늘리면 더 많은 세월 동안 간호사 생활을 한 셈이다. 내가 간호사 공부하고 열심히 노력했기에 평생토록 직장생활을 할 수 있었던 당연한 결과가 아니라 전적으로 하나님의 은혜였음을 고백한다. 이 세상에서 단 하나밖에 없는 소중한 생명을 다루는 간호사 생활을 무사히 끝내고 은퇴할 수 있기에 행복한 은퇴라 말할 수 있겠다. 생명을 보호하기 위해서 아픈 환자들을 헌신적인 사랑으로 보살피는 마음을 성령님께서 허락해주셨기에 가능하지 않았나 싶다.

지난날들을 생각해보면 참 어려운 일도 많았다. 심폐소생 시술을 하면서 죽어가는 자에게 입술을 대고 호흡을 시킨 기억은 지금도 써늘한 감촉을 느끼게 한다. 지금이야 간호기술이 발전해서 상상할 수도 없는 일이지만 내 간호생활의 초창기에는 그랬다. 건장한 남자환자가 다리 절단 수술 후에 뜻하지 않게 봉합한 부위가 터져 붉은 피가 세차게 튕겨 나와 병실 천장까지 치솟았을 때, 내 얼굴에도 피투성이가 되어 응급처치했던 일은 의료인으로서 새로운 보람을 느끼게 한다. 나는 현지 자격증을 받기 위해 자격증 시험을 8년 동안 16번 만에 미국 정식 간호사 자격증을 딸 정도로 미주 이민 1세로 부끄럽지 않은 삶을 살려는 간절함이 있었기에 어려움도 이겨 낼 수 있었으리라. 새삼스레 생명을 다루는 내 직업에 대한 자긍심이 살아남을 느낀다.

컴퓨터 시대에 들어서면서 병원 기록도 모두 컴퓨터 안에 저장시키게 되었다. 컴퓨터를 모르면 직장생활을 할 수 없는 시기다. 나는 직장에서 해주는 교육을 받으면서도 내가 해낼 수 있을까 걱정을 많이 했는데 무사히 마칠 수 있었다. 내 눈앞이 캄캄할 때 하나님은 빛을 주셔서 보게 하시거나 돕는 자를 보내주셔서 무사히 일할 수 있게 하셨다. 내 직장생활은 온전히 하나님의 은혜요 돌보심으로 무사히 은퇴할 수 있게 되었음을 알기에 하나님께 감사 또 감사할 뿐이다. 나는 직장에 나가기 위해 차에 오르면 안전 운전할 수 있게 해주시라고 하나님께 빈다. 그리고 차를 운전하면서 찬송가를 부르면 편안한 마음이 된다. 내가 하나님을 찬양하며 가장 많이 부른 찬송가는 "예수 사랑하심은"이다. 예수 사랑하심은 거룩하신 말일세. 우리들은 약하나 예수권세 많도다. 날 사랑하심 날 사랑하심 날 사랑하심 성경에 쓰여 있네. 아멘.

일공오삼(1053)은 이제 아름다운 추억 속의 나만의 번호가 된다. 참 아름다운 번호요 은혜의 번호요 감사의 번호다. 추억 속에 간직할 일 공 오 삼을 생각하면서 하나님이 베풀어 주신 무한한 사랑에 다시 한 번 감사드린다. 나는 간호사 생활을 대한민국 전라남도 광역시 조선대학 부속병원에서 시작하여 미국 캘리포니아에 있는 캔터버리우드스 메디칼센터에서 행복한 마음으로 마친다. 일 공 오 삼, 나만의 번호를 품고 간호사 은퇴지에서 하나님이 전적으로 베풀어 주신 한량없는 은혜에 감사하며 간단한 고별사를 쓰니 눈시울이 뜨거워지며 가슴속이 촉촉해 옴을 느낌은 웬일까.

한복

　한복은 아름답다. 한복은 한민족의 전통의상으로 한민족의 마음을 담은 짧은 저고리와 폭넓은 치마와 바지로 곡선을 살려 한국민의 은근한 정서를 뿜어내고 있다. 한복은 시대에 따라 지속적으로 변화하면서 정통성과 아름다움을 품고 다양한 형태를 만들어가고 있다. 근래의 지구촌 사람들은 살아 숨 쉬는 듯한 한복의 아름다움에 매료되어가고 있다. 행복을 품은 한복의 넓은 치마폭은 이 세상 모든 사람의 상한 마음, 외로움 등을 사랑으로 품는 위력을 지니고 있다. 행복을 품은 한복이 온 세상 사람들의 의복이 될 날을 꿈꾸어 본다.
　한복은 한국인들이 고대 시대부터 입고 살아온 고유한 의복이다. 한민족의 의상이기에 한국인의 얼굴이며, 한국인들의 사상과 미의식이 그대로 배어 있다. 한복은 기본적으로 바지와 저고리를 입고 그 위에 겉옷이나 치마를 입었다. 한복이 처음으로 등장한 사례는 고구려 벽화에서다. 기본적인 저고리, 바지, 치마라는 한복의 골격은 연연히 이어지되 형태는 시대의 흐름에 따라 조금씩 변해가고 있다. 한복은 신분에 따라 다양한 모양으로 한국인의 정서를 품고 있는 의복이다. 저고리나 두루마기 앞에 달아 옷자락을 여미는 옷고름만 보아도 한국인의 지혜를 품고 있다. 눈물 콧물이 날 때 옷고름 뒷면으로 살짝 닦을 수도 있고, 웃음이 나올 때는 살포시 옷고름으로 입가를 막을 수도 있다.

우리들 부모님 시대에는 한복을 일할 때도 입고 평상시에도 입고 잔칫날에도 입으셨다. 일할 때는 옷고름 없이 간단하게 만든 통저고리에 통치마 통바지를 입으셨고 옷감도 질긴 광목이나 삼배였다. 우리 어머니의 치마는 한여름 밤 낭만의 시간을 나에게 많이 선물해 주었다. 여름날 시골 사람들은 저녁을 먹고 난 후 각종 잡풀로 모깃불을 피워 놓고 멍석에 둘러앉아 재미있는 이야기꽃들을 피우며 즐기시곤 했다. 어머니의 무명치마 폭은 어느 사이에 나를 감싸고 있고 나는 어머니가 들려주시는 별들의 전설을 즐겁게 들었다. 그때 들은 별들의 이야기 중, 견우와 직녀가 은하수를 따라서 일 년 중 칠월 칠석날 단 하루만 만날 수 있어 그들의 눈물이 빗방울이 되어 떨어진다는 애틋한 사랑 이야기다. 그리고 7개의 별이 만들어낸 국자 모양의 아름다운 북두칠성의 이야기는 항상 남에게 사랑을 베풀면서 살아가라는 어머니의 교훈과 함께 생각나곤 한다.

대한민국뿐만 아니라 세계의 '피겨 여왕' 김연아가 한복 런던 패션쇼에 올랐다는 2022년 9월 27일의 반가운 뉴스다. 런던 주영한국문화원에서 '한복 패션쇼, 한복 웨이브' 열고 해외명품 패션쇼 빛낸 한복의 아름다움에 놀랍다. 유명 패션지를 물들인 김연아표 한복이 자랑스럽고 전 세계에 한복의 아름다움을 알리기에 앞장서고 있음에 기쁘기 한량없다. 패션쇼 영상은 세계 최대규모 예술 박물관인 영국 빅토리아 앤 앨버트의 한류 전시 홈페이지에 게재된다고 한다. 세계인들의 광장인 미국 뉴욕 타임스퀘어 브로드웨이에 있는 전광판을 통해 한복 화보 영상을 공개할 예정도 있다는 기사를 보았다. 한복의 매력이 세계로 뻗어 나가는 좋은 기회가 될 것이기에 신이 나는 기분이다.

한복 디자인이 다양해 가고 있다. 교복이 전통의상 한복인 학교도 있는데 학생들의 자부심이 크단다. 다양한 한복 웨딩드레스는 결혼하는 사람들의 선호도가 높아지고 있다니 반가운 소식이다. 현대문화에 맞게 간소화한 생활한복은 옷고름이 단추로 대체되고 소매가 줄어드는 등 일상생활에서도 입기 편한 개량한복 형태로 변천해 가고 있다. 한복의 종류는 신분에 따라 헤아리기 어려울 정도로 많다. 궁중 예복, 혼례복, 전통한복, 평상복, 외출복……. 아낙네가 입는 치마 한 가지만 해도 수없이 많은 명칭이 붙는다. 스란치마, 통치마, 주름치마, 기생치마, 양반치마…… 한복의 명칭도 참으로 많다. 치마저고리, 바지, 조끼, 버선, 잠방이, 배냇저고리……. 수많은 종류의 한복을 자기에게 맞게 입어 행복감을 얻는다면 더 이상 무엇을 바라겠는가.

이 시간 나는 한복을 입고 너울너울 민속춤을 추는 무녀의 춤사위가 눈앞에 아른거린다. 그 위로 비단 조끼에 흰색 바지저고리를 입으신 아버지와 동백기름을 바르고 참빗으로 빗어 쪽진 깔끔한 머리에 하얀 옥양목 치마저고리를 입고 행복한 웃음을 머금고 계시는 어머니와 함께 찍은 빛바랜 어머니의 환갑사진이 떠오른다. 또한 꽃물이 떨어질 것 같은 아름다운 색상으로 만든 한복을 입고 세계인들의 사랑을 받는 신선한 여인이 세계인들의 시선이 집중된 미국 뉴욕 타임스퀘어 전광판을 통해 공개될 사진을 상상해본다. 나는 〈한미문단 출판기념〉 행사가 있는, 2022년 11월 18일에 혹시나 한복이 처음으로 공개되지나 않았나 싶어 내심 무척 보고 싶었는데, 방문할 수가 없어 다음 기회를 기대할 수밖에 없었다.

　한복은 한국인들이 입는 전통 의복이지만 앞으로는 이 세상 사람들이 즐겨 입는 의복이 될 것이다. 아름다운 색상과 결 좋은 옷감이며 다양한 모양으로 새로운 시대에 맞춰 발전해 가고 있으니 말이다. 한복은 옷을 입는 사람과 보는 사람들에게 행복을 선사해 주는 예쁜 의복이다. 행복을 품은 한복이 온 세상 사람들의 의복이 될 날을 새롭게 꿈꾸어 본다.

외로워 말아요

외로워 말아요. 인생길을 인도해 가시는 분이 계시잖아요.

사람은 누구나 이 세상에 혼자서 태어나 허락받은 동안 살다가 또다시 본향으로 혼자서 되돌아가야 하는 존재이기 때문에 외로운 존재지요. 제아무리 사랑하는 사이라도 함께 갈 수는 없잖아요. 그러나 마지막 호흡이 멈추는 날까지 아~니, 영원히 함께하시는 신령한 참사랑의 하나님이 계신다고 생각해보세요. 우리는 외로워야 할 이유가 없잖아요. 우리에게 승리의 기쁨을 주시려고 십자가 위에서 처절한 외로움을 안고 돌아가신 구원자 예수님을 생각하면서 믿는 마음으로 외로워 말아요.

요즈음은 외로움을 느끼는 사람들이 많아요. 왜 저만 외롭게 살고 있나를 고민하던 차에 근처에 살고 계시는 지인을 만나 이야기해 보니 그분도 마찬가지더라고요. 사람은 공동체를 이루며 서로 부대끼면서 살아야 삶의 맛을 갖는데 요즈음은 코로나19 팬데믹 시대로 서로서로 거리 두기를 하다 보니 더욱더 외로움을 느끼지 않나 싶네요. 근심스럽고 가슴이 답답하고 슬프고 혼자만이 사는 것 같은 느낌이 드니 정신적인 스트레스가 이만저만이 아닌 거죠. 그렇다고 너무 외로워하지 말아요. 내면의 자신과 대화하는 기회로 삼아 보자고요. 이 세상의 신비하고 오묘한 일들을 나의 머리로는 해석할 수 없어 저는 그저 '신(神)의 뜻'이라고 생각하죠. 모든 것을 전능자에게 맡기면 마음이 아주 편해지거든요.

미주 이민자로 사는 저처럼 '이방인의 노래'로 마음을 표현한 이금자 시인의 시(詩)에 내 마음도 담아 봅니다. "(중략) 찾아갈 곳 하나 없고 정담 나눌 사람 없어 하나 남은 입마저 조개처럼 닫아버렸다."라고 외로운 심정을 극적으로 표현한 조개입. 요즈음 저도 조개입이 되어 사는 심정입니다. 왠지 모르게 공감이 가는 쓸쓸한 시어들이 이방인으로 오랜 세월을 살아온 저의 마음을 대변해 주는 것 같아 다시금 읽어 봅니다. 혼자서 외로운 시간을 견뎌내는 만큼 향기롭고 아름다운 꿈을 품은 생명의 꽃봉오리 하나 피워낼 수도 있지 않을까 하는 생각이 듭니다.

사람은 누구나 외로움을 느낄 때가 있는 것 같습니다. 사람뿐이겠습니까. 우주 만물들도 외로움을 느끼기에 사람들 생각 속으로라도 파고 들어 오는 것 아닐까요. 이방인의 생활에서 나만의 외로운 섬에 갇혀 텅 빈 가슴속이 찬바람으로만 채워진 99.4파운드의 핼쑥한 시인의 모습이 떠오릅니다. 더 약한 사람도 있음을 생각하면서 이제는 찬바람이 아니라 행복한 마음으로 가슴을 채워보시면 어떨까요. 왜소한 체격이지만 성령님의 은혜로 영혼이 잘됨같이 범사에 잘되고 강건하기를 간구합니다.

근래에, 저는 사는 것이 외로워서 죽으러 입원했다는 특이한 환자를 간호한 경험이 있는데, 늘 하는 생각이지만 생명만은 인간의 영역이 아니라는 생각을 했지요. 그리고 통증약을 강하게 거절하는 모습을 보면서 인간에게는 본능적으로 마지막 순간까지도 아주 미세하나마 삶에 대한 애착이 남아있지 않나를 생각해보았습니다. 환자는 통증이 심해 소리를 지르면서도 통증약도 거절하고 물만 계속 마시면서 45일 정도 살더라고요. 구세주를 강하게 거절하는 소망 없는 태도는 찰나에도 무섭고 등골이 오싹하게 소름이 끼쳤어요. 가보지 않은 천국에 대한 소망을 갖고 마지막 인생길을 마무리하는 사람과는 아주 대조적인 모습에, 제 미래를 위한 기도가 절로 나오더라고요.

외로우면 모든 것들이 무너져 내리는 것 같고 인생의 마지막 순간을 생각해보기도 하죠. 그러나 내 머리 위를 운행하시면서 나를 돌보고 계시는 여호와를 생각하면 새로운 힘이 나고 외로움에서 벗어날 수도 있죠. 내 형편을 하소연하기도 하고 정담을 나누기도 하고 이런저런 이야기를 하다 보면 어느 사이에 외로움은 사라져 버리고 말죠. 그 속에서 새로운 창조의 힘이 생기기도 하니 외로움을 안고서 삶의 한 이랑을 지나면 될 것 같네요. 내 안의 섬에서 거하니 어느 사람도 볼 수도 없고 이야기할 사람도 없지만, 위에 있는 하늘은 볼 수 있잖아요. 하늘을 향해 외로움이 사라지게 해주시라고 소리쳐 보면 어떨까요. 어느 사이에 신비스럽게도 부드럽고 포근한 손길이 영혼을 어루만지고 있음을 느낄 수 있을 거예요.

가슴으로 스며드는 외로움을 내면 깊숙이 삶의 무늬로 간직하면, 어느 날 참으로 아름다운 한 인생의 작품이 탄생하지 않을는지요. 이 세상 모든 사람은 창조의 원리에 따라 어느 누구라도 자연스럽게 자연현상에 흡수할 수밖에 없어요. 다시 영원히 살 수 있는 길은 오직 부활

하신 예수님을 믿는 신앙인이 되는 거지요. 내가 너와 항상 함께 있으리라고 하신 말씀을 상기시키면 외롭게 혼자 있는 것이 아님을 느끼죠. 온화한 음성으로 연약한 나를 안위시키시며 따뜻한 품속에 살포시 안아주심을 느낄 수 있죠. 하나님 은혜의 선물인 소중한 삶이기에 외로움을 안고서도 행복하게 살 수 있는 길은 오직 구원자만 바라보며 믿음으로 사는 것임을 터득하니 마음에 평화가 깃드네요.

　사람들과의 관계 속에서 단절을 당한 듯한 저의 외로움이 이 글을 쓰면서 사라져가는 느낌입니다. 참으로 놀라운 것은 이렇게 내 삶의 길을 인도해 가시는 하나님의 방법이 있다는 사실입니다. 한 세상 살면서 얼굴에 깊이 팬 주름이 더해가더라도 생명을 주관하시는 창조주를 믿으며 음침한 골짜기에서 헤맬 때도 나와 동행해 주시는 주님만을 믿고 행복하게 살아야 하는 것이 피조물의 본분일 것이라는 생각이 듭니다. 저와 같은 이방인으로 살면서 외로운 심정을 한 편의 시로 아름답게 표현한 시인의 감정을 헤아려 보며 서로 작은 위로자가 되기를 소망하면서 글 맺습니다.

"외로워 말아요. 그리고 늘 건강하고 행복하세요."

불어라 바람아

　바람이 분다. 나를 스치는 바람이 참 좋다. 봄바람 여름바람 가을바람 겨울바람, 계절 따라 부는 바람이 있어 나는 생의 의욕을 느낀다. 철 따라 부는 바람은 신비스러운 세월바람을 만들어 나를 현재 이곳까지 날라다 주고 있다. 바람은 이 세상의 모든 소리와 빛깔과 아름다운 무늬 등 내가 느끼고 살기에 적합한 것들을 날라다 준다. 그리고 더러운 욕심과 근심 걱정 등 불필요한 것들을 나에게서 멀리 떠나보낸다. 2022년 임인년(壬寅年)을 맞이하면서 나는 바람에게 외친다. "불어라 바람아. 코로나19와 오미크론이 내가 사는 이 지구촌에서 완전히 사라질 때까지."
　아지랑이 몰고 오는 봄바람은 내 가슴을 설레게 한다. 첫사랑에 가슴 두근거리는 소녀처럼 왠지 모르게 나도 사랑에 빠져 있는 기분이 든다. 벌 나비들이 꽃 속을 들락거리며 꽃가루를 묻혀 수정하여 새 생명을 탄생시키도록 하는 꿈의 계절은 참으로 신비스럽고 아름답다. 보기에 좋은 산천초목들이 가슴에서 풀피리 소리가 들리게 하는 봄날. 심금을 울리는 초목들이 자라는 소리와 꽃들의 아름다운 색깔과 아지랑이의 신비한 무늬를 볼 수 있는 봄날은 생각만 해도 행복해진다. 그런데 요즈음은 바람에 이상이 생겨 코로나19라는 신종 바이러스를 내가 사는 지구촌으로 몰고 왔다. 꽃바람은 시샘바람이 되어 나를 괴롭히고 있다. 나에게 무슨 잘못이 있는 걸까.

 소나기를 몰고 오는 여름바람은 내 가슴속에 묻혀 있는 온갖 잡념들을 한꺼번에 사라지게 하는 마력이 있다. 회오리바람이 불면 내 몸뚱이까지도 공중에 높이 올려 내 몸에 붙은 오물을 날려 보낼 듯하다. 진초록 나무이파리들이 부는 바람에 살랑거리면 생명의 환희를 느끼게 한다. 뜨거운 태양열을 날라다 주는 바람이 있어 초목들이 춤을 추며 자라고 오곡백과들이 즐겁게 속살을 찌워 간다. 신바람이 난 사람들은 산과 바다로 나아가 삶을 즐긴다. 함부로 던진 플라스틱 빈 병들과 오물들이 바닷바람을 아프게 만들었을까. 뜨거운 태양처럼 낯 뜨거운 일들을 아무렇게나 하지 않았나 싶다. 바람에 이상한 징조가 나타나면서 내 몸을 해치는 신종 코로나바이러스를 자꾸만 몰고 온다. 나는 마스크를 쓰고 백신을 맞고 나름대로 열심히 대항해 보지만 고통스러움은 계속되고 있다.

 결실의 아름다운 삶의 무늬를 채색하는 가을바람은 내 가슴을 풍요롭게 한다. 갈바람이 불면 오곡백과가 탱글탱글 영글어 세상을 풍만케 한다. 세상은 온통 풍요로움으로 흥겨운 노래가 퍼진다. 감사의 계절에 사람들은 마음이 넉넉해진다. 부유해진 흥바람 마음에 자칫 빈곤한 사람들을 잊어버리게도 하는 결실의 가을이다. 갈바람은 자연에도 나의 가슴에도 아름다운 색깔과 무늬를 탄생시킨다. 각기 독특한 개성을 지닌 생애의 색깔과 무늬가 있는 인생을 볼 수 있다. 갈바람은 코로나바이러스도 섞어서 새로운 삶의 색깔을 만들고 싶었나 보다. 그러나 나는 처음 대면하는 삶의 색깔이라 당황스럽다.

　함박눈을 기다리는 마음에 겨울바람이 불면 마음이 차가워진다. 북풍한설 매서운 찬바람이 나목이 되어 있는 나의 마음을 후려칠 때면 나는 슬프게 소리 내 운다. 그래도 바람소리 속에서 울면 바람이 나와 함께 있어주고 있다는 안도감이 들어 좋다. 사르륵사르륵 흰 눈을 몰고 오는 삭풍은 청청한 대나무 이파리들을 흔들어 깨운다. 새로운 봄날을 준비하라고 일깨우고 있는 것이리라. 내 심연에 차가운 바람이 불어와 인생의 겨울을 느낄 때는 심신이 아플 때다. 건강에 이상이 오면 차가운 바람에 몸을 움츠리고 있는 나 자신을 발견한다. 무엇보다도 건강이 중요한데 늘 나를 스쳐 가는 바람도 벌써 삼 년째 이상한 상태를 보이고 있다. 어디서 몰고 왔는지 해로운 바이러스를 내 몸에 뿌려대니 정신이 아찔하다. 어쩌면 좋을까.

　항상 나를 스치는 수많은 바람은 정결한 삶을 영위하게 하기 위해 부정한 것들을 나에게서 멀리 날려 보내주곤 한다. 그런데 2020년부터 현재까지 유행하고 있는 신종 코로나19 바이러스와 변종 오미크론이 내 마음을 아프게 하고 있다. 내가 사는 지구촌에선 수많은 생명이 사라질 뿐만 아니라 평화로운 일상생활은 사라지고 움츠린 삶을 영유하고 있다. 바람은 나에게 세상을 돌고 돌아 아름다운 소리와 색깔과 무늬들을 날라다 주면서 그 속에 묻어 있는 해로운 바이러스를 감지하지 못했나 보다. 나를 불편하게 하니 바람에 대한 신뢰감이 자꾸 떨어지려 한다. 그래도 머지않아 해로운 것들을 나에게서 쓸어버릴 바람을 나는 굳게 믿는다.

바람은 분다. 움직이지 않으면 바람이 아니다. 강바람, 신바람, 치맛바람… 여러 가지 다른 느낌이 드는 바람들이 항상 움직이고 있다. 눈엔 보이지 않아도 몸으로 느낄 수 있는 게 바람이다. 근래에 방문한 시카고는 근처에 있는 미시시피 강바람 기류를 타고 모든 문화 문명이 이동하고 있음을 느낄 수 있었다. 바람의 도시기에 생동감이 있는 것이라 싶다. 살아 움직이는 모습은 아름답다. 나에겐 성령의 바람이 불어야 내 안에 있는 온갖 죄들도 날려 보낼 수 있다는 생각이 든다. 바람이 있어야 살아가고 있음을 느낄 수 있다는 생각이다.

나를 스치는 바람이 있어 행복하다고 말하고 싶다. 온갖 더러운 생각들과 나를 괴롭히는 것들을 휘어잡아 멀리 사라지게 하는 정상적인 바람이 고마울 뿐이다. 생명을 위태롭게 하는 코로나19 팬데믹과 함께 2022년을 맞이하는 나는 다시 한번 바람에게 외친다. "불어라 바람아. 코로나19와 오미크론이 내가 사는 이 지구촌서 완전히 종식될 때까지."

해로운 바이러스들을 몰고 가는 바람 뒤에 밝은 햇살이 쏟아지고 있다.

• 제2부 •

아름다운 간호사의 손

알로하~ 하와이

알로하(Aloha)~.

듣기만 해도 하와이만의 특유한 인사말임을 알 수 있다. '안녕'이라는 말처럼 억양에 따라서 많은 의미로 쓰이면서 조건 없이 사랑하고 서로 존중한다는 뜻을 가진 알로하~라는 매력 있는 소리를 듬뿍 들으며 하와이 호놀룰루(Hawaii Honolulu) 땅을 밟는다.

하와이는 폴리네시아어로 '신이 계신 곳'이라는 신성한 의미가 있는 곳이어서 길가에 있는 돌멩이 하나라도 함부로 손을 대서는 아니 되는 곳이다. 나는 이 땅을 밟으면서 나의 기쁨과 슬픈 추억을 함께 포근히 보듬어 주는 하와이 여신의 품에 안겨 와이키키(Waikiki) 해변을 한없이 누빈다. 부드러운 열기가 스민 것 같으면서도 서늘하고 건조한 하늬바람이라고도 부르는 무역풍을 타고 멀리서 밀려오는 파도가 백사장과 어우러질 때, 나도 함께하고 싶어 손을 내미는 나를 따스한 온기로 맞아줌은 분명 하와이 여신이 날 가슴에 품어줌이리라.

태평양의 인종전시장이라고 불릴 정도로 다양한 인종들이 서로 문화를 공유하며 자유롭게 살아가는 하와이는 미국이 1898년에 합병한 뒤, 50번째 주로 승격시킨 곳이다. 우리 한민족들의 애환이 가득 담긴 곳, 하와이는 최초로 한인들의 미국이민역사가 이루어진 곳이기도 하다. 사진만 보고 결혼하여 누가 남편인지 몰라서 공항에 나온 형제와 함께 살아버렸다는 비화도 있을 정도다. 애환이 서린 이민역사 백 년을 되돌아볼 때, 사탕수수밭과 파인애플 공장은 한인들의 주 생활 터전이다. 그 척박한 땅에서 언젠가는 성공해서 고국으로 돌아가겠다는 희망을 품고 아리랑을 부르며 고국에 대한 그리움을 달래면서 열심히 일한 삶의 현장엔, 한(恨)이 서린 코리안 파인(Korean Pine)이 특이하게 농장 주위에서 많이 자라고 있다. 하늘로 쭉쭉 곧게 뻗어 나가면서도 질서 정연하게 원을 그리며 힘차게 자라나는 코리안 파인은 하와이 재외동포로 살아가는 한인들의 꿈과 얼을 표현해주고 있는 듯하다. 한국 문인의 은은한 정서로 수필을 쓰며 한국의 미와 맛과 멋을 세계에 알리고 있는 김평화 수필가와 같은 문인들이 재외동포로 생활하고 있기에, 하와이 하늘의 별들이 우르르 쏟아져 내려 사람들의 가슴에서 더욱더 아름답게 빛나리라.

문학의 향기를 품고 한국문인협회 미주지회가 "2019년 한미문단 문학상 시상식 및 한미문단 겨울호 출판기념회"를 하와이 호놀룰루에서 개최했다. 육지에 사는 강정실 회장을 비롯해 남편인 이병호 시인과 오애숙 시인, 그리고 권온자 시인 부부는 새까맣고 윤기가 자르르 흐르는 기다란 생머리 위에 노오란 무궁화 꽃을 머리에 꽂고서 알로하~ 하며 맞이해주는 하와이 여인이 있는 호놀룰루 공항에서 반갑게 재회했다. 멋지게 운전사 역할을 해준 정덕수 수필가는 하와이를 방문했다가 하와이 날씨와 무역풍에 매료되어 몽환에 빠져 있을 때, 하와이 여신에게 발목이 잡혀 버렸노라 한다. 하와이란 이름은 마지막 군주 시절의 여왕 릴리우오칼라니를 상징하는 망국의 슬픔을 껴안은 여신이기도 하단다. 그래서 목놓아 우는 사람들의 슬픈 마음까지도 아름다움으로 승화시키는 마법이 하와이섬에는 있나 보다. 수많은 신혼부부가 낭만의 신혼여행지로 선택하고서 사랑과 행복을 약속하는 따스하고 아름다운 섬, 하와이는 바닷물을 보는 장소와 각도에 따라서 쪽빛으로 보이기도 하고 에메랄드빛으로 때로는 다채로운 색상으로 보여 보는 이로 하여금 감탄사가 터져 나오게 한다. 와이키키해변의 파도는 기다란 초록색 이파리를 바람에 흩날리는 야자수 나무와 벗하며 밀려왔다 밀려가곤 하면서 누군가를 기다리고 있는 듯하다.

그런데 바다 위에서 빛을 내며 나를 보면서 그리움에 지친 듯이 손짓하며 오고 있다. 두 손으로 한 움큼 쥐고 있던 모래알이 손가락 사이로 주르륵 빠져나가는 감각도 느끼지 못한 채 나는 아들 손을 잡고 싶은데 눈물이 시야를 가려 앞이 보이지 않으니 애가 탈 뿐이다. 이십여

* 2019년 12월, 하와이 와이키키해변에서의 사진

년 전에 아들과 둘이서 와이키키해변 백사장에서 모래성을 쌓았던 슬픈 추억 속에 젖어 있는 나를 처얼썩~ 철썩 파도소리가 정신을 차리게 한다.

아들이 원치 않는 병마와 싸워야 했던 그 시절, 하와이에서 이상구 박사의 뉴스타트 프로그램이 있었다. 아들은 복수가 심해 거동도 불편한데 엄마와 함께 하와이 여행하고 싶다고 해서 이 주 정도 머물었던 곳이다.

"엄마, 사실 나는 엄마 하와이 여행시켜 드리려고 왔어요. 의료선교사로 불쌍한 사람들을 도와주면서 살고 싶은데……." 내 귓가에서 맴도는 이 말이 늘 내 가슴을 파고들어 참사랑이 무엇인가를 생각게 한다. 참사랑이 무엇인가를 조금은 알게 해준 아이, 생명만은 창조주의 고유한 특권임을 알게 해준 아들은 어느 곳에 있든지 효자임이 틀림없음을 세월이 갈수록 느낀다. 행복을 받은 만큼 슬픔도 함께 받는다는 사실을 뼈아프게 느끼며, 만날 날이 가까워져 옴을 알면서도 왜 이리도 심장에서부터 찡! 하며 터져 나오는 뜨거운 피눈물은 그치지 않는 것일까. 절대로 아물지 않을 내 가슴의 상처를 껴안고 흐느껴 우는 나를 영광의 주님은 말없이 안아주시고 있다.

하와이의 샛별, 은별, 금별들이 된 문인들이 통기타 소리에 맞춰 젊은 날에 불렀던 애창곡들을 밤이 깊어 가는 줄도 모르고 목청껏 불러 본다. "인생은 연기처럼 재를 남기고 말없이 사라지는……." 인생살이란 참으로 묘한 것이어서 지나간 일들은 조금씩 잊어버리고 추억으로 옛날과 현재를 잇대어 가면서 꿈이 있는 내일을 향해 하루하루를 살아가고 있다.

 하와이 연정을 부르고 있는 나는 알 수 있다.

 오늘날의 나의 기쁨과 슬픔도 하와이 와이키키해변에서 팡-팡! 터지는 화려한 불꽃놀이 속의 불꽃처럼 밤하늘에 아름다운 수를 놓으면서 영원한 세월 속으로 사라질 것임을. 알로하~ 하와이!

 다시 한번 알로하~

하이랜드 산책길

하이랜드 산책길엔 자유와 행복이 있다. 거의 날마다 반 시간쯤 걷는 이 길은 나에게 평범한 일상생활의 즐거움을 듬뿍 안겨준다. 방문을 열고 나설 때 미풍에 머리카락이 날리는 감촉을 느끼면 나는 가슴이 뛴다. 이 나이에도 마음은 동심(童心)이 되어 밖으로 놀러 가는 기분이 된다. 하이랜드 산책길엔 겸손한 마음으로 땅을 밟으면 누구나 누릴 수 있는 자유와 행복이 넘치고 있다.

새벽 일찍 방문을 열고 나서면 누군가가 끓이는 커피 향이 후각을 감미롭고 상쾌하게 한다. 신선한 공기와 초록색 나무들과 꽃들을 바라보다가 하늘을 보면 드넓은 청명한 하늘이 한눈에 들어와 나를 즐겁게 한다. 주위에 아무도 없는 한순간만은 창조주께서 나를 축복하시어 이렇게 아름다운 자연을 창조해 주셨다는 착각 속에 기분이 황홀해질 때도 있다. 나는 날마다 조금은 모자란 듯한 현재의 나의 모습이지만 하이랜드 산책길을 자유롭게 걸을 수 있는 것만으로도 감사하며 행복함을 시시때때로 느끼며 살고 있다.

하이랜드 길가에 서 있는 수은등이 희미해져 갈 때면 동녘엔 눈부신 붉은 해가 떠오르기 시작하면서 자연스럽게 밤과 낮이 교차한다.

2021년 1월 20일 각종 미디어에서 들려주는 주요뉴스는 비상사태인 워싱턴 분위기와 미국 제46대 美 대통령 공식 취임 이야기다. 새로운 대통령 조 바이든은 "내 영혼을 미통합에 쓰겠다."라며 취임 연설을 한다. 코로나 팬데믹 위기 시기라 취임식장에는 천여 명 남짓한 사람과 그 앞인 내셔널 몰에 약 20만 개의 성조기가 게양됐다. 비슷한 시간에 셀프 환송식을 하면서 떠나는 도널드 트럼프 대통령은 고별 연설에서 "돌아오겠다."라며 바이든에게 줘야 할 핵가방을 들고 떠났다. 인간의 본능적인 욕구에 고집스럽게 집착하는 트럼프 대통령은 미 하원에서 두 번이나 탄핵을 당하면서도 무엇이 그렇게도 대통령 선거에 불복을 못 하게 하는지 모르겠다. 민주주의의 상징인 미국이 퇴임 대통령들이 한자리에 모여 덕담을 나누는 멋진 모습을 잃어버린 셈이다. 자연은 자연스럽게 자리가 교차하는데 인간은 그러질 못하는 이유가 지나친 욕심 때문이 아닐는지….

　부질없는 욕심 때문에 자유와 행복을 마음껏 누리지 못하는 사람들이 많다. 재물과 명예에는 항상 눈에 보이지 않는 교만이라는 악성 바이러스가 따라다니고 있음을 빨리 깨닫지 못한 지혜 부족 때문이 아니겠는가. 무슨 사건이 있을 때 원인을 알고 보면 결국은 돈과 명예에 얽혀 있는 경우가 다반사다. 인간의 욕심이 지나치면 재물과 명예 그늘에 있는 악성 바이러스인 죄에 지고 만다. 인간은 지고 싶지 않지만, 순간적인 지나친 욕심에 사로잡혀 재물과 명예에 자유와 행복을 잃게 되고 마는 것이다. 어쩔 수 없는 환경에서 인간의 어리석음으로 인해 자유와 행복을 누리지 못하고 있는 안타까운 사람들의 모습이 내 눈에 아른거린다. 국가와 사회를 위해 헌신한 이들이니 하루빨리 하이랜드 산책길에서 자유와 행복을 누릴 수 있는 날이 오기를 바라는 마음이다.

  나는 재외동포로 살지만 사랑하는 고국 소식에 항상 신경이 쓰인다. 근래에 뉴스에 자주 등장하여 나를 안타깝게 하는 사람들이 있어 하이랜드 산책길에서 많은 생각을 한다. 나는 캘리포니아에서 살고 있다. 내가 사는 곳에서 그리 멀지 않은 실리콘 밸리 산호세는 애플 구글 등 전자기술의 요람지로 알려졌다.

  이런 곳에서도 삼성 제품인 스마트폰이며 냉장고 등이 대세를 이루고 있어 나를 신이 나게 하고 있다. '코리아' 하면 대통령의 이름을 아는 사람은 없어도 삼성을 모르는 사람은 드물다. 이런 세계적 기업을 이끌어 가야 할 이재용 부회장이 '국정농단사건'으로 2년 6개월이라는 형량을 받고 감옥생활을 하게 되었다. 한 나라의 통치자가 돈이 필요하니 달라고 하는데 안 주겠다고 버틸 기업인이 있을까. 국정농단사건의 주 인물인 박근혜 전 대통령은 탄핵을 당했다. 감옥생활을 오래도록 하면서 무슨 생각을 하고 있을까. 이명박 전 대통령도 삼성과 국정농단 사건에 관련이 있어 감옥생활을 하고 있으니 참으로 안타까운 일이 아닐 수 없다. 한국을 대표한 전 대통령들과 국제적 회사 부회장이 감옥생활을 하니 고국에 대한 신뢰 상실감으로 씁쓸하기 그지없다. 이 또한 지나가리니 침묵으로 더욱 자숙하면서 겸허하게 자신을 스스로 성찰하는 시간으로 삼아 새롭게 태어났으면 좋겠다. 하이랜드 산책길은 진실로 새로워진 소박한 그들의 발길을 포근하게 맞이해 줄 자유와 평화가 넘치고 있다.

  두 팔을 벌려 심호흡하며 길가에 있는 진초록 잔디들을 본다. 지역에 따라서는 강풍과 강설로 나목들이 추위에 떨고 있는 겨울인데도 하이랜드 산책길은 늘 녹색의 아름다운 자연을 허락해주신 주님께 저절로 감사함이 인다. 인간이 창조한 첨단의 과학과 인공지능이 아무리 발전했어도 생명 있는 풀 한 포기 만들지 못하는 나약한 존재가 사람 아닌가. 인간도 자연같이 한 피조물에 지나지 않음을 나는 직장에서 수많은 사람의 마지막 호흡을 보는 순간마다 느끼곤 한다. 아무리 인간사회에서 높은 지위와 많은 재물을 가졌다 하더라도 이 세상을 하직하는 순간은 마찬가지다. 아름다운 이 땅에서 살 수 있도록 허락받은 동안 현재의 삶에 만족하며 감사한 마음으로 자유롭고 행복하게 살면 그것이 곧 창조주께 영광을 올려 드리는 일이 아닐까 싶다.

우주의 자연생태계를 이루는 거미가 쳐놓은 거미줄에 아침 이슬방울이 방울방울 달려 햇빛에 반짝이고 있다. 노인인 나는 소싯적에 불렀던 동요 '구슬비'가 떠올라 낭랑하게 부르며 자유와 행복이 넘치는 하이랜드 산책길을 걷는다. 송알송알 싸리잎에 은구슬. 초롱초롱 거미줄에 옥구슬. 대롱대롱 풀잎마다 총총. 방긋 웃는 꽃잎마다 송송송.

풀피리

　풀피리 소리가 들린다. 내 가슴 속에서 귓가에서도 … 사방에서 풀피리 소리가 들린다. 띨리리 띨리리---. 풀피리 소리는 나를 유년 시절 보리밭 두렁으로 인도한다. 가녀린 막내딸 앞에서 하얀 옷을 입은 아버지가 정성스럽게 풀피리를 불고 있다. 나는 즐겁고 행복한 마음으로 환한 미소를 띠고서 풀피리 소리 타고 그리운 사랑을 향하여 달리고 있다.

　심금을 울리는 풀피리 소리는 농촌의 소리다. 농촌 아이들이 소몰이 할 때나 농꾼들이 옆에 있는 사람에게 어떤 마음의 의사 전달을 하고 싶을 때도 사용한다. 풀피리는 여러 가지 나뭇잎이나 풀잎으로 만드는데 잎이 질기고 탄력 있는 뚝새풀이나 민들레 꽃줄기 또는 동백나무나 감귤잎 등이 좋다. 가능하면 싱싱하고 질긴 식물 이파리를 골라 앞면 뒷면 상관없이 가장자리를 살짝 접어 입에 물고 휘파람을 불듯 입에 공기를 넣었다가 바람을 앞으로 뽑아낸다. 명인들은 도 레 미 파 솔 라 시 도에 더하여 보통 악기에서 낼 수 없는 소리도 풀피리에서 낼 수 있다 하니 얼마나 신비한 우리나라 고유의 천연 악기인가. 이렇게 아름답고 신비한 풀피리 소리를 우리 아버지는 나의 유년 시절에 곧잘 들려주셨다. 참으로 그리운 유년 시절이 풀피리 소리와 함께 휘돌아 오고 있다.

　풀피리는 초적(草笛)이라고 악학궤범에 올라온 우리나라 전통 천연 악기다. 우리나라 삼국시대 궁중음악에 주로 쓰이는 향악기 속에 포함되었다. 나뭇잎 하나로 입술을 진동시켜 웬만한 음악은 다 할 수 있다. 나는 현대에 많이 사용하는 플루트 연주를 볼 때마다 우리 아버지가 부르시던 풀피리를 생각하곤 한다. 플루트의 고음과 저음이 넘나드는 떨림이 아버지가 불던 풀피리 소리를 연상케 하곤 한다. 피리를 감싸고 있는 아버지의 두 손은 비록 굳은살로 투박하지만, 위아래 입술을 이용하여 부는 풀피리 소리는 부드럽고 그윽하기 그지없었다. 입술을 약하게 움직이면 저음이 나오고 반대로 강하게 움직이면 고음이 나오게 입바람을 사용하여 풀피리로 노래를 부른다. 풀피리 소리는 자연에서 나는 소리기 때문에 금속성 악기에서 나오는 소리보다도 더 마음이 평안해져서 좋다.

　농사꾼 아버지는 사시사철 논밭을 왕래하시면서 농사를 지으셨다. 항상 온화한 모습으로 사람들을 대하시는 작은 고을의 어른이시었다. 어쩌다 논이나 밭두렁에서 아버지는 보리잎이나 콩잎을 따 풀피리를 불면서 막내딸에게 사랑을 노래하시던 모습이 아슴푸레 떠오른다. 하얀 감꽃이 필 때면 감잎피리를 불어 주셨고, 버들피리를 만들어 불어 주시기도 했다. 농촌에서는 초록피리라고도 불렸던 풀피리는 위아래 입술을 통해서 다양한 소리를 내는 한국의 천연 고유 악기다. 풀피리는 두 입술과 손을 이용해 살짝살짝 움직여 주면서 기교를 부리면 보통 악기에선 낼 수 없는 음도 낼 수 있는 참으로 귀하고 신비로운 자연 악기다.

　새 생명이 잉태하는 환희의 봄날, 아지랑이 아롱거리는 동산에서 뻐꾹 뻐꾹…. 청아한 뻐꾸기 노랫소리에 어우러져 들리는 버들피리 소리. 뜨거운 햇볕이 내리쬐는 여름날, 미루나무 위에서 힘차게 한 생애를 찬미하는 매미들의 맴맴맴…. 소리에 맞춰 들리는 보리피리 소리. 모든 만물이 익어 풍성해 가는 가을날, 혼자서 갈대밭을 헤매며 님을 찾아다니는 귀뜰귀뜰…. 귀뚜라미의 소리에 장단 맞춰 들리는 갈잎피리 소리. 차가운 바람이 대나무를 흔들어 대는 겨울날, 함박눈에 파묻혀 있는 동백꽃 속을 휘젓고 다니면서 내는 동박새의 푸르릉 푸르릉--- 소리에 섞여 들리는 동백피리 소리. 사시사철 아름다운 자연의 소리에 섞여 들리는 아버지의 풀피리 소리는 참으로 내 가슴을 기쁨으로 떨리게 하는 소리다.

　이 세상에는 수많은 종류의 소리가 있다. 어떤 소리는 나를 즐겁게 하지만 어떤 소리는 나에게 괴로움을 주기도 한다. 풀피리 소리는 언제나 나에게 그리운 사랑을 안고 오는 아름다운 소리다. 풀피리 소리를 듣고 있으면 나도 모르게 가슴이 촉촉해진다. 내가 8남매의 일곱째로 태어날 때부터 우리 아버지는 늙으신 모습이었다. 그래서인지 나는 늘 자식들뿐만 아니라 동네 사람들까지 보살펴 주시느라 고단한 삶을 사시는 아버지가 마음이 아팠다. 내가 동무들과 놀다가 넘어져 팔이 부러졌을 때 그 캄캄한 밤중에 나를 등에 업고서 원평의원을 찾아 좁다란 밭두렁을 달리시던 아버지의 사랑을 내 왼팔을 볼 때마다 생각하곤 한다. 나는 왼팔을 움직일 때마다 뼛속에서 울려 퍼지는 풀피리 소리를 듣는다.

풀피리로 아리랑 등 서정적인 민요뿐만 아니라 각종 노래를 부를 수 있다. 우리 아버지는 창가(唱歌)를 버들피리로 부르시려고 열심히 노력하셨던 모습도 아슴푸레 떠오른다. 창가는 신문학 태동기에서 시조에 음곡(音曲)을 붙여 부르는 신식 노래로 통했다. 하얀 옷을 입은 아버지 친구들이 모여 친목회를 하실 때면 막걸리를 마시면서 창가를 부르시는 모습을 보았다. 그럴 때면 잔치 시중을 드시는 우리 어머니의 얼굴은 행복한 미소를 지으시고 나에게 한마디 하신다. "……너희 아버지는 목청이 좋아 창가도 잘 부르신다. 사람들이 너희 아버지가 창가를 부르시면 모두들 좋아서 더 부르시래." 우리나라 민요 '창부타령'이며 아리랑뿐만 아니라 동요도 풀피리로 불러 주시며 나를 기쁘게 해주시던 아버지의 모습이 아른거린다.

나에게 아름다운 유년 시절의 추억을 선물로 남겨주신 아버지는 하늘나라에서도 풀피리를 부시나 보다. 하늘과 땅 사이에 오직 풀피리 소리만 들리는 이 시간, 나는 따뜻한 아버지 사랑 속에서 기쁨과 행복으로 충만함을 느낀다. 띨릴리 띨릴리… 풀피리 소리를 타고서 아버지의 사랑을 향해 나는 달리고 있다.

임플란트

　Implant. 치아가 없는 곳에 인공치아를 심는 것을 말한다. 나는 평생토록 약한 치아에 앞니 사이가 너무나 벌어진 치아 때문에 치과를 자주 드나든다. 그동안 치아 때문에 속병을 많이 하고 살았는데 임플란트로 몸과 마음이 치유된 기분이다. 치아의 본질적인 소중한 가치를 발견했고 인공치아에 대한 고마움을 절실히 느꼈다. 꼭 있어야 할 것이 없어진 공간을 채워 기능을 되찾고 행복한 마음을 주는 인공치아처럼 나도 필요한 사람으로 아름다운 삶을 살고 싶은 마음이 인다. 행복한 삶을 위해서는 임플란트처럼 힘든 인내가 필요할 때가 있음을 느낀다.
　임플란트에 대한 지식 부족으로 나는 사람들이 부정적으로 주고받는 말만 들었다. 사실인지 아닌지는 모르지만, 임플란트는 누군가의 뼈를 깎아서 잇몸에 넣어야 한다는 말이 어쩐지 마음을 편하게 하지 않았다. 이토록 미련한 인식은 임플란트를 생각 속에서 멀리하게 했고 앓는 치아들을 치과의사의 지시대로 다른 종류로 치료받으면서 살아왔다. 그런데 몸이 늙어가니 세포들의 기능이 떨어져 잇몸뼈도 치아를 지탱할 수 없게 되었다. 치과의사는 더 이상 재생 기능이 불가능한 치아들을 뽑아내면서 임플란트를 권했다. 나는 브리지를 하든지 임플란를 하든지 선택을 해야 하는 갈림길에 서게 되었다.

　시리고 아픈 이들을 제거하고 나니 시원은 하면서도 걱정이 생겼다. 어금니가 없으니 음식을 씹을 수가 없었다. 음식 먹는 것만 생각하면야 양쪽 어금니가 몇 개 없다고 문제 될 것은 없다. 지금은 세상살이가 편리해져서 이가 안 좋아도 먹을 수 있는 영양가 음식들이 수없이 많기 때문이다. 문제는 어금니가 없으면 앞니들이 자연적으로 어금니 없는 쪽으로 기울어져 간다는 사실이다. 그러잖아도 앞니에 공간이 넓은데 더 넓어질 가능성이 많아 빨리 어금니를 해 넣어야 한다는 생각이 들었다. 전문 치과의사의 소견을 들으면서 나는 비용이 엄청나게 차이가 나더라도 브리지보다는 임플란트를 하기로 했다. 어떤 때는 수입 대부분을 치아치료를 위해 사용할 때가 있어 속상하기도 했었는데 이번에는 행복한 마음이 든다.

　임플란트는 치료 기간이 길고 비용이 많이 들어 보편화되지 않고 있는 게 흠이다. 나는 몇 개나 되어서 거금이 들었고 또한 지혈이 잘 안 되는 건강상태 때문에 한꺼번에 하기도 어려웠지만 할 수 있어서 고마울 뿐이다. 나에게 임플란트를 해준 치과의사는 산호세에 사는 닥터 김이다. 외국생활을 하는 나는 무엇보다도 같은 동족이어서 좋고 친절해서 좋고 경력이 많아 기술이 뛰어나서 좋았다. 나는 거리는 멀지만, 산호세에서 치과의사를 하는 한국 사람인 닥터 김을 우연히 알게 되어 찾아갔는데 참 잘했다는 생각이 든다. 몸의 어떤 부분이 아파서 치료를 받으려면 치료하는 사람의 좋은 인성과 의료기술이 필요한데 내가 만난 닥터 김은 나의 선택이 옳았다는 생각이 들게 했다. "이 세상에 있는 것들은 영원한 게 아무것도 없어요." 신앙을 가지고 임플란트를 해주는 의사의 말이 지금도 내 귀에 쟁쟁하다.

　진찰 사진찍기 충치 제거며 뼈 이식을 하고 임플란트를 식립해야 하고 보철을 하는 등 수많은 수술 과정을 따랐더니 잘 마무리되었다. 이제 나의 잇몸엔 단단하게 박힌 인공치아가 질서정연하게 나열되어 있어 보기에도 좋고 음식물 씹는데도 문제가 없다. 치통 때문에 얼굴을 찡그리지 않아도 된다. 양치질 잘하고 딱딱한 음식을 조심하고 정기적인 검진을 받으면서 치아 관리에 소홀히 해서는 아니 될 것임을 임플란트 수술 후 누누이 주의사항으로 받았으니 지켜야 할 것임을 알고 있다. 여러 가지 이유로 내 몸을 떠나가 버린 자연 치아들을 더 이상 그리워해서는 안 된다. 세상살이에서도 원래 있던 것들이 어떤 이유로이든지 떠나가 버렸을 때는 그 자리를 대체할 것을 찾아 메워 질서를 잡고 안정감을 줄 수 있어야 한다는 생각을 해 본다.

　나같이 어리석은 사람은 무엇이든지 있을 때는 소중함을 모르다가 없어진 후에야 비로소 그 소중함을 깨달아 아쉬워하곤 한다. 치아의 본질적인 소중한 가치를 깨달은 것도 발취하고 나서야 깨달은 나다. 오랫동안 충치를 치료해 오면서도 자기 치아를 보전해야 한다는 의미를 나는 이제야 알 것 같다. 치아와 치아 사이의 작은 틈새에 음식물이 끼어 충치가 생기는 경우가 가장 많으니 치실로 잘 닦아내 줘야 하는데 나는 그러질 못했나 보다. 나는 미숙한 데가 많아서 인생살이 하면서도 눈에 보이는 커다란 것만 보고 소중하고 가치 있는 작은 일들을 소홀히 할 때가 잦았지 않았나 싶다. 모든 것들은 연결되어 있으니 하나도 중요하지 않은 것이 없음을 새삼스럽게 느낀다.

　임플란트하면서 있어야 할 자리에서 제구실하는 것이 공동체의 질서를 지키고 아름답게 하는 것임을 절실히 느꼈다. 세상살이에서 공동체 생활을 하다 보면 무슨 사정이 있어 누군가가 있어야 할 자리가 텅 비어있을 때가 있다. 이른 시일 내에 누군가를 선택해서 그 텅 빈 자리를 메워야 질서도 유지되고 보기에도 아름답다는 생각을 해본다. 본래의 모습과 비슷하게 하도록 힘든 임플란트 과정을 거쳐 인공치아를 해 넣으면 치아의 배열도 균형이 잡히고 근본적인 치아의 기능도 되찾을 수 있듯이 말이다. 임플란트해서 잇몸의 텅 빈 공간을 메운 인공치아. 의연하게 자리를 지켜주어 치아 배열을 고르게 해주며 음식을 씹을 수 있게 해주는 인공치아가 한없이 고맙고 행복감을 갖게 한다.

임플란트라는 힘든 과정을 거쳐 식립된 인공치아 같은 사람이 되어 공동체의 기능도 살리고 행복하게 해줄 수 있다면 얼마나 좋겠는가. 임플란트는 행복한 삶을 위해 인내를 해야 하는 인생의 한 과정 같다는 생각을 해 본다.

주황빛 하늘

하늘이 주황빛이다. 대형산불로 화염이 미국 캘리포니아 금문교 근방을 휩쓸면서 생긴 현상이다. 대낮 하늘 위에는 신화에 나오는 혼불처럼 검붉은 태양이 눈 부신 햇살을 잃어버리고 잿빛 구름과 연기에 휩싸여 덩그러니 떠 있다. 하늘을 뒤덮은 매캐한 연기는 코로나바이러스(COVID-19) 위기를 겪으면서 쓰고 있는 마스크와 함께 숨이 퍽퍽 막히게 한다. 무슨 재앙이란 말인가-. 코로나 팬데믹 사태에 겹쳐 심각한 산불의 위험까지 겪는 캘리포니아 사람들의 정서가 고통스럽게 흔들리고 있다. 주황빛 하늘은 무슨 말을 하고 싶은 것일까?

2020년 9월, 참으로 으스스하기까지 하다. 각종 미디어를 통해서 듣는 뉴스는 불안한 현세임을 느끼게 한다. 코로나 위기에 사회적 거리두기로 인해 가족들도 제대로 만날 수 없는 상황인데, 주위에서 일어난 대형산불로 공포에 휩싸이고 있다. 화염으로 대기오염이 아주 나빠져 건강에도 이상이 생길 위험이 크다. 존엄한 생명을 잃는 사람의 숫자가 날마다 늘어나고 있다는 미디어 보고다. 산발적으로 일어난 산불이 진화헬기까지 동원되어 진압은 시켰다 하나 아직도 불씨가 남았나 보다. 며칠이 지났는데도 회색빛 잿가루가 기류를 타고 이곳저곳 날아다니며 내려앉을 곳을 찾아다니다가 심지어는 창 틈새에도 내려앉고 있다. 방문을 열면 매캐한 냄새와 나쁜 잿가루가 재빠르게 쳐들어오는 기분이다. 미국 캘리포니아발 산불 화염이 제트 기류를 타고서 머나먼 바다를 건너 영국 하늘까지 주황색으로 물들였다는 뉴스에 놀라지 않을 수 없다.

우르릉 쾅쾅! 천둥소리가 몇 번 나더니 번개가 무섭게 번쩍거린다. 한참 후에는 천둥소리 없이 마른 번갯불이 자꾸만 눈을 자극한다. 그날 저녁 내가 사는 멀지 않은 곳, 존 스타인벡 생가가 있는 샐리나스 지역에서 자연 산불이 발생하였다는 아침 뉴스가 나왔다. 연이어 카멜 벨리에서 큰 산불이 발생했고 캘리포니아 등 미국 서부지역 곳곳에서 산발적으로 산불이 일어나 안전을 기한다는 뉴스다. 많은 사람이 대피했고 소방관들의 피나는 노력으로 산불이 진압은 되어 가고 있지만, 인명과 재산 피해가 이루 말할 수 없다. 야성적으로 무섭게 달려오는 산불에 홀라당 타버린 마을도 있다. 주황빛 하늘과 을씨년스러운 날씨는 자연재해와 함께 공포를 느끼게 한다. 아름다운 샌프란시스코가 동성애 등 창조주의 뜻을 어기는 자유분방한 사람들이 많아 호되게 벌을 받는지도 모른다는 말들이 오가고 있다.

기후변화가 요동침을 체감한다. 국적 모를 미세먼지가 내 허파로 들어가고 있을 것이다. 두려움 속으로 몰아간다. 언제 어디서 나쁜 바이러스와 만날지 모르니 마스크를 쓰고 거리두기를 하면서 항시 긴장의 끈을 풀지 못하고 지낸다. 거무튀튀한 회색빛 잿가루들이 떠돌다가 난분분하게 각종 꽃나무나 채소 위에 내려앉아 있다. 내가 사는 곳은 날씨가 흐리고 회색빛 산불 연기가 섞여져 한 치 앞을 내다보기가 어려워

대낮에도 자동차 헤드라이트를 켜고 조심조심 운전해야 한다. 이상기후 변화는 지구의 온난화 때문이라니 자연재해는 자연생태계를 파괴하는 욕심 많은 인간이 자초한 일인 셈이다. 거대한 빙하가 녹아내려 해수면이 높아지니 기후변화가 오고 따라서 자연재해를 몰고 온다니 어쩌랴~. 창조주, 사람, 자연과의 소통을 보여주기 위해서 자연재앙이 있는지도 모르겠다. 행복은 창조주를 믿으며 자연을 사랑하며 생명 있음을 감사하는 일임을 안다. 그러기에 나에겐 주황빛 하늘이 예사로이 보이지 않는다.

인간은 자연과 분리되어서 살 수 없는 법. 자연이 파괴되면 인간 생활도 파괴된다는 뜻이 되겠다. 미국 서부는 어쩌자고 대형산불까지 일어나 생활을 더 어렵게 한단 말인가. 가뭄으로 항상 물이 귀한 캘리포니아는 산불을 진압하는 데도 물이 마땅치 않아 어려움이 더하다. 며칠이 지났는데도 아직도 산불을 대피해 담요를 둘러쓰고서 천막생활을 하는 지치고 피곤한 한 사람의 모습이 그지없이 처량하게 보인다. 나의 잘못 때문인 양 가슴이 아프고 우울해진다. 자연과 더불어서 사는 우리 인간은 자연을 사랑하고 보호해야 할 의무가 있다. 물 한 방울, 돌멩이 하나라도 함부로 대하지 않아 자연의 생태계를 보호해 주어야 하리라. 주황빛 하늘은 탐심에 가득 찬 인간에 대한 책망을 창조주께서 보여주고 있는지도 모른다.

아침을 깨워 쾌적한 느낌을 누릴 수 있는 산책을 하고 싶다. 길을 걷다가 피로해서 쉬고 싶으면 앉을 수 있는 의자에 지저분한 회색빛 잿가루가 쌓여있지 않았으면 좋겠다. 지극히 일상적인 생활이 그립다. 일상적인 생활을 할 수 있다는 것이 얼마나 행복한가를 뼈저리게 느낀다. 건강한 몸과 마음으로 자연을 벗 삼아 서로 얘기하며 하루를 살아가는 우리네 일상생활이 제일 행복하지 않겠는가. 봄 여름 가을 겨울 사 시절을 느끼며 신선한 공기와 푸른 잔디와 아름다운 꽃들과 즐거운 새소리와 아이들의 웃음소리를 들으며 살아가는 사람들은 자연의 고마움을 안다. 자연이 있어서 행복하니 자연을 영원무궁토록 아끼며 사랑하여야 하리라.

  주황빛 하늘은 머지않아 파아란 하늘로 바뀔 것이다. 그러면 내 마음도 환해지고 눈 부신 햇살처럼 새로운 희망도 솟아날 것이다. 시간이 지나면 정상적인 날씨로 변할 것이지만 주황빛 하늘이 주는 암울한 시간을 잊을 수는 없을 것이다. 알래스카에서 들은 거대한 빙하가 바닷물 위로 떨어져 무너지는 소리와 삼림의 불타는 연기로 캘리포니아 금문교 위를 뒤덮고 있는 주황빛 하늘이 내 양심을 흔들어 댄다. 내가 혼탁하고 타락한 시대 속에서도 선한 양심으로 깨어있기를 바라는 것일 게다. 자연은 지구촌 사람들과 함께 행복하게 살아가기 위해서 소통을 하고 싶은 것이리라. 주황빛 하늘은 무슨 말을 하고 싶은 것일까.

향기로운 꽃송이

　교회 정원의 꽃들이 꽃망울을 터트리려 한다. 향기로운 꽃송이로 피어날 것이다. 내 마음의 정원에 핀 꽃송이도 꽃망울을 터트려 향기로운 꽃송이로 피어나려 한다. 눈뜨면 날마다 마음이 머무는 곳이다. 향기로운 꽃내음에 도취하기도 하고 싱그러운 꽃잎들에 환희의 기쁨이 솟기도 한다. 내 평생에 향기로운 꽃송이를 몇 송이나 피워낼 수 있을까를 생각하면서 땅을 바라보니 수많은 잡초가 눈에 띈다. 모든 것들을 말없이 포용해 주는 흙을 한 움큼 쥐어보며 깊은 생각에 잠긴다. 내 삶에 대한 염려와 걱정, 미움, 탐욕 같은 온갖 잡초들이 내면세계에서 자라고 있는 것이다. 나는 날마다 잡초를 뽑아내고 불필요한 가지들을 떼어내는 등 수고를 아끼지 말아야 할 것이다. 그리고 적당한 물과 거름을 주며 사랑의 손길을 멈추지 말아야 하리라. 그러면 어느 날, 아- 참으로 향기로운 꽃송이 정원에서 또한 마음속의 정원에서도 활짝 피어나리라.

　우리 교회는 미국 캘리포니아 몬터레이에 있다. 임진태 담임 목사님과 그리 많지 않은 성도들이 모여 오순도순 신앙생활을 하고 있다. 어느 주일 주보에 실린 목사님의 글이 내 마음을 표현해주는 것 같아 몇 번이고 읽어본다. 내용은 다음과 같다. "교회 친교실로 가는 길옆에 계절에 따라 여러 종류의 꽃들이 흐드러지게 피어 꽃밭의 물결을 이룹니다. 푸른 잎으로 무장한 식물들이 용감하게 서 있고, 힘들게 꽃을 피워내는 선인장들이 아름다운 정원을 만들고 있습니다. 화분들이 모여지고 그곳에 뿌리가 심어져 볼품없었던 땅이 아름다운 정원으로 변화한 것입니다. 이런 아름다운 모습을 드러내기 위해서는 물주고 잡초를 뽑고 사랑을 준 손길이 있었기에 가능한 일입니다. 한편, 우리 마음의 정원은 어떠합니까? 우리 마음의 정원에 아름다운 꽃과 싱그러운 식물들이 자라기 위해서는 많은 관심과 사랑이 필요하고 때에 따라 잡초를 뽑아내야 하는 수고가 필요합니다. 수고의 손길, 사랑과 관심의 손길이 없다면 우리 마음의 정원은 순식간에 온갖 잡초로 덮여지게 되고 곧 황무지가 되어 볼품없는 땅이 되고 말 것입니다. 힘들고 수고스럽지만, 말씀을 통해 우리 마음의 정원을 들여다봅시다. 잡초를 뽑고 새로운 씨를 뿌려서 온갖 종류의 꽃들과 함께 아름다운 향기가 사방으로 풍기는 그런 마음의 정원을 그려봅니다. 이 마음의 정원을 방문하는 사람들이 사진을 찍으며 행복해하는 사람들로 북적이는 그런 광경을 상상해 봅니다."

나는 아름다운 정원을 방문하여 목사님과 함께 사진을 찍으며 행복해하는 한 사람이 된다. 어렸을 때부터 교회를 다녔지만, 목사님과 둘이서만 사진을 찍기는 이번이 처음이다. 영광의 순간이라고 생각한다. 즐거운 마음으로 찰칵! 사진을 찍으며 내 마음의 정원을 더욱더 아름답게 가꾸기 위해서라도 친교실 옆에 있는 정원을 사랑으로 끝까지 보살피리라 다짐해 본다. 꽃삽을 손에 들고 꽃을 가꾸며 봄 여름 가을 겨울 시절 따라 변화하는 아름답고 사랑스러운 정원을 교우들과 즐기며 여생을 행복하게 살고 싶은 소망이 크다. 꽃밭에 앉았다가 일어서면 정갈한 교회 지붕 위 빨간 색깔의 십자가가 눈에 띈다.

내 안의 꽃나무들은 몬터레이 맑은 공기와 햇빛을 받으며 교회에서 들리는 은혜로운 찬송 소리에 나풀거리며 쑥쑥 자란다. 때로는 거센 바람에 가지가 꺾이고 몸뚱이에 수많은 상처를 입고 초라한 모습으로 햇빛 아래서 서성이지만, 그래도 세월 흐르는 소리와 함께 풍요로운 삶을 가꾸어 갈 수 있음에 즐겁다. 인생살이에서 특히나 신앙생활에서는 용서와 화해가 온전한 십자가 사랑 안에서 이루어져야만 참으로 아름답고 향기로운 꽃을 피울 수 있다.

나는 이 세상에서 가장 아름답고 귀한 창조주의 걸작이다. 나의 가슴에 감사한 마음으로 사랑의 향기로운 꽃송이 피워 창조주께서 흠향하시도록 헌화하고 싶다. 향기로운 꽃송이가 피어나도록 항상 함께 해 주는 것은 바람이다. 바람은 수많은 시련 가운데서도 인내를 할 수 있도록 곁에 있다. 때론 헝클어진 이파리 사이를 지나기도 하고 어떤 땐 후벼 파진 가슴을 어루만지면서 스치기도 한다. 긴 세월 바람의 숨결이 꽃나무를 흔들어 주고 생기를 주곤 한다. 바람은 사랑을 품고 있다. 바람에 흔들리며 터지려는 향기로운 꽃봉오리를 보면서 내일의 희망과 꿈꾼다. 향기로운 꽃봉오리 활짝 피어나는 날 나는 북적이는 사람들 속에서 행복한 미소를 지으며 사진을 찍는다.

사십여 년 전에 나는 영혼의 아름다운 꽃을 피우고 싶은 꿈과 소망을 품고 몬터레이 중앙 장로교회에서 신앙의 씨를 내 마음 땅에 뿌렸다. 내 영혼의 꽃나무 씨눈 터질 때 바람 속에 생겨난 연두색 이파리는 참으로 흠 없이 고왔다. 세월 따라 내 마음의 꽃나무는 인류 최초로 죽임을 당한 아벨이 흘린 피가 흥건히 스며 있는 흙 속에서도 자라나고 있음을 발견했다. 주님이 십자가 위에서 흘린 보혈의 은혜가 아니면 도저히 깨끗해질 수 없었다. 영혼의 삶이 무거워질수록 내 속의 꽃나무 이파리들도 짙은 초록색으로 무거워만 갔다. 시시때때로 말씀으로 화해와 용서를 하며 새롭게 살고 싶어 열심히 기도생활을 하는 척했지만, 마음의 상처가 심해 붉은 피가 이파리들을 상하게도 했다. 시간이 지남에 따라 꽃나무에 달린 이파리들이 바람이 몰고 온 세월에 할퀴고 찢겨서 내 신앙생활이 알록달록 신비롭게도 아름다운 색깔로 변해가고 있다. 가을빛 단풍잎 속에서 늦은 꽃망울을 터트리려는 꽃송이가 참으로 향기로운 꽃송이가 되기를 꿈꾸어 본다.

내세울 것 없는 나의 인생살이지만, 단 한 송이라도 주님이 흠향하기에 좋은 참으로 눈부신 사랑의 향기로운 꽃송이 피워 헌화하고 싶은 소망이다. 한없이 부족하기만 한 나는 주님의 은혜가 아니면 이룰 수 없는 꿈과 희망임을 안다. 여느 때처럼 정원의 꽃들을 바라보던 나의 눈길은 어느새 교회 지붕 위 붉은 십자가를 찾는다. 향기로운 꽃송이가 피어나는 환상을 보면서.

김치의 날

매년 11월 22일은 '김치의 날'로 기념한다.

미국 캘리포니아주 의회에서 매년 11월 22일은 '김치의 날'로 제정하는 결의안이 2021년 8월 23일 통과됐다고 농림축산식품부 산하 세계김치연구소가 전했다. 캘리포니아주 최석호 하원의원이 대표 발의하고 새런 쿼크-실바 하원의원, 데이브 민 상원의원 등이 참여한 이번 결의안은 '한국은 김치 종주국(Korea is the country of origin of kimchi)'이란 점을 명문화했다. 우~와~아. 대한민국 김치 만세!

김치는 한국 전통 음식 반찬의 대표물이다. 김치란 배추, 무, 오이 등의 채소를 소금에 절인 다음 고추, 마늘, 파, 생강, 젓갈 등 여러 양념을 넣어 버무려서 발효시킨 유기산 발효 식품이다. 채소를 양념과 함께 버무려 김치를 담가 숙성시키면 원료의 맛과는 다른 특유의 맛과 향이 난다. 저장성이나 맛에 대단히 뛰어난 김치는 만드는 사람의 취향에 따라서 같은 재료를 가지고도 각기 다른 맛을 낸다. 김치는 모든 재료를 포용하고 어떤 음식과도 조화를 이루는 미덕을 가지고 있어 한국인의 품성을 나타내고 있다. 옛날부터 전해오는 말로 그 집 김치맛을 보면 안주인의 음식솜씨를 알 수 있다 했다. 그 정도로 김치는 그 집안 반찬의 중요성을 지니고 있다.

 김치의 기원은 약 삼천 년 전에 쓰인 중국 최초의 시집인 '시경'에서부터 보인다. 오늘날 사용되는 김치라는 어원은 한자어 침채(沈菜)로 '담근 채소'라는 뜻이다. 침채라는 단어는 후에 딤채로 발음되다가 짐채, 김채, 김치로 변했다는 설이 있다. 고려 때 이규보의 시문집 동국이상국집에서 우리의 무를 주재료로 한 김치를 서술하고 있다. 삼국사기, 내용 중에는 신문왕의 결혼과 관련된 음식에서는 김치라는 발효 식품이 언급되었다. 조선시대에 이르러서는 '김치'라는 식품이 획기적인 발전과 함께 우리 식탁의 가장 중심적인 상용 식품으로서 굳어져 버린 계기가 된다. 그것은 1600년경부터 전해 내려와 시작한 고추가 김치에 쓰이기 시작하면서부터 계속 발전하여 현재의 김치로 변모해 왔다고 볼 수 있다.

 김치가 몸에 좋은 이유는 영양가가 풍부하고 담백하여 건강식품으로 일품이다. 김치에는 각종 비타민, 무기질, 섬유질, 항산화 등 우리 몸에 좋은 효소도 많이 들어있어 비만, 항암 방지 등 다양한 건강 효과를 보인다. 김치에서 추출한 유산균 등은 면역력을 증진하게 시켜 독감을 일으키는 인플루엔자 바이러스를 억제하는 효과가 있다. 김치는 피부 노화 방지에도 도움을 준다. 김치 주요 양념인 마늘의 알리신 성분은 암 예방을 도우며 배추 무 등에 풍부한 수분과 식이섬유는 대장암 예방에 아주 효과적이다. 유네스코 인류무형문화유산으로 등재된 김장 문화는 한국인의 미풍양속으로 가을걷이가 끝나면 월동 준비로 주부들의 큰일인 김장철을 말한다. 집집마다 주부들이 겨울철 반찬인 김치를 담그는데, 이때 동태 등 생선을 넣어 양념을 만들어 김치 포기 속에 넣으면 단백질 등 영양분이 풍부하여 김치 한 가지만으로도 영양이 충분하다.

　우리나라 김치 종류는 336종으로 보지만 그 종류를 헤아리기가 쉽지 않다. 배추김치, 열무김치, 총각김치, 갓김치, 고들빼기김치…. 무엇이든지 주재료에 고춧가루, 마늘, 생강, 양파, 파, 각종 젓갈 등에 소금으로 간을 맞춰 버무리면 각종 김치가 된다. 내가 가장 좋아하는 음식은 열무김치다. 나에게 아름다운 유년 시절의 추억을 간직하게 한 열무김치는 우리 큰 새언니가 만들어 주신 아주 어린 열무로 빨간 고추와 마늘 밥을 함께 넣어 손으로 쓱쓱 학독*에 갈아서 만든 김치다. 냉장고가 없던 시절, 찬물에 담긴 그릇 속에서 살짝 익은 열무김치는 그 맛이며 향이 환상적이어서 몇십 년이 지난 지금도 잊히질 않을 정도다.

　우리 직원 중에는 '김치 샐러드'라고 부르는 사람들도 있다. 외국인들이 즐기는 각종 샐러드처럼 배추에 다진 마늘 등을 넣고 버무린 후 설탕 조금과 참기름 살짝 넣고 깨소금을 솔솔 뿌려 바로 먹을 수 있는 겉절이를 외국인들은 김치 샐러드라고 말한다. 김치에 들어가는 양념 중 마늘 냄새를 싫어하는 외국인들도 지금은 김치 샐러드가 별미라면서 좋아하는 모습을 본다. 외국인들도 '김치'라는 단어를 정확히 하고 언제 김치 먹을 수 있느냐고 물으면 나는 기분이 좋아져 가슴속에서 신바람이 난다. 나는 한국의 김치문화가 세계화되어 가는 일이 즐겁고 행복해서 김치를 원하는 외국인들에게 김치 선물하는 것이 재미가 있다.

　김치의 날은 김치산업의 진흥과 김치 먹는 문화를 계승발전하고, 국민들에게 김치의 영양적 가치와 중요성을 알리기 위해 우리나라에서 2020년 11월 22일, 법정기념일로 제정됐다. 김치의 우수성을 알리기 위해 세계 각국에서 행사를 개최하고 글로벌 건강식품으로 자리매김하도록 노력하고 있다. 내가 사는 미국 캘리포니아주는 11월 22일을 캘리포니아 김치의 날로 법적으로 통과해 공식 기념하게 되었다는 기쁜 소식에, 미주 한인의 기상을 높이고 있는 자랑스러운 최석호 의원의 활약에 한인들의 환호가 끊일 줄 모르고 있다. 김치가 세계에서 가장 좋은 '건강한 발효식품'으로 선정되어 전 세계 사람들의 주목을 받을 시기가 코앞에 있어 보인다.

2021년 11월 22일 최초로 '캘리포니아 김치의 날' 축제가 열린단다. 그날에 내가 덩실덩실 춤을 추면 드높은 하늘은 파아란 물감을 한없이 풀어놓으며 함께 즐거워할 것이다. 그러면, 신비로운 김치 냄새는 파아란 물감 품은 바람 타고 세계를 휘돌아다닐 모습이 벌써 내 눈에 아른거린다. 아~ 나는 즐거운 행사장에서 축제 분위기를 돋우기 위해 집에 있는 하회탈을 쓰고 치맛자락을 날리며 흥겨운 막춤이라도 출까 보다. 나는 이 땅에서 활기차고 당당하게 살아가야 할 후세들의 영광스러운 선조가 될 사람이기에 "대한민국 김치 만세!"를 한없이 외치고 있는 것이다.

*학독은 곡식을 물에 불려 갈기 위한 납작한 구유 같은 조리도구를 말하며, 전라도 지방에서 많이 쓰는 말이다. 주로 보리쌀을 희게 만들기 위해 물에 담가 불려서 갈기 위하여 사용되었다.

비에 젖은 낙엽과 삼식이

요즈음 정년퇴직하는 남자들을 슬프게 하는 은어(隱語)가 일본에서는 '비에 젖은 낙엽'이고 한국에서는 '삼식이'다. 비에 젖은 낙엽이란, 비에 젖은 낙엽이 빗자루에 달라붙어 떨어지지 않듯이 부인 곁에 꼭 붙어 있는 처량한 남편 신세를 말한다. 삼식이란, 바깥에 나가지 않고 집에서 삼시 세끼 꼬박꼬박 챙겨 먹는 남편을 일컫는다. 나도 때로는 남편 뒷바라지에 지쳐 자유를 만끽하고 싶은 주부 중의 한 사람인데도 듣기에 거북스러운 것은 웬일일까. 내 소원이 있다면 정년퇴직한 남편이, 비에 젖은 낙엽과 삼식이라도 내 곁에 평생토록 살아있는 것이다.

정년퇴직한 남편인 젖은 나뭇잎과 삼식이는 쌀쌀한 가을에 은퇴하여 매서운 바람이 몰아칠 겨울을 맞이할 시기에 있다. 새 희망이 넘치는 봄날 같은 젊은 시절엔 가정에 파릇한 새싹을 내기 위해 꿈이 부풀 때가 있었다. 혈기 왕성한 여름 같은 시절엔 녹음을 만들어 가족들을 편안히 쉬게 한 때도 있었다. 인생의 사계절 중 결실의 계절을 맞이하여 은퇴하는 남편이 평생을 살아온 아내에게 푸대접을 받는 일은 참으로 슬픈 일이 아닌가. 은퇴하기까지 직장에서 사업장에서 얼마나 많은 인내를 했으며 얼마나 가슴을 졸이며 울분을 참았고 비굴한 감정에 자리에서 박차고 나가려던 심정을 억제했던가. 또 무거운 삶의 무게에 짓눌려 얼마나 힘들어했던가. 직장생활에서 퇴직하는 마음도 쓸쓸한데 더하여 부인으로부터 비하하는 말까지 들으면 인생의 겨울처럼 마음이 추울 것이리라 싶다.

 늦가을과 겨울이 접목된 2021년 12월 4일은 문학행사가 미국 일리노이주, 바람과 건축의 도시로 불리는 시카고(Chicago)에서 있던 날이다. 한미문단과 시카고문학 공동출판기념회다. 나는 근래에 비에 젖은 낙엽과 삼식이가 된 남편을 부축하면서 여행을 했다. 은퇴한 남편은 두 번이나 넘어져 같은 다리를 다치는 바람에 나의 도움 없이는 활동할 수 없는 처지다. 다행히 뼈는 부러지지 않아 한 손에 지팡이를 잡고 조심스럽게 걸을 수 있는 상태다. 남편은 여행을 못 할 것 같다고 하더니, 나를 위해서 아픈 다리로 여행길을 결심한 셈이다. 새벽 일찍이 내가 사는 곳에서 산호세까지 에어버스를 타고 비행장 곁에 도착하니 햇살이 떠올랐다. 금관 사슬 같은 노오란 은행잎들과 빨갛게 물든 단풍잎들이 은빛 이슬에 반짝이면서 눈부시게 아름다웠다. "아~ 언제나 나를 진정으로 행복하게 하는 것은 자연이야~" 감탄사가 절로 나왔다.

 나에게서 떨어질 수 없는 빗자루에 붙은 비에 젖은 낙엽과 삼식이가 된 남편은 문학여행을 위해 한 손에 지팡이를 쥐었다. 한 손은 나를 잡고서 근육이 상해 빨갛게 퉁퉁 붓고 아픈 오른쪽 다리를 겨우 구두에 집어넣고 걸었다. 늦가을을 맞이한 듯한 남편의 오른발을 바라보는 나는 낙엽 바스러지는 듯한 소리가 끊임없이 들려와 안타까웠다. 다행히 내가 사는 미국은 장애인 시설이 잘 되어 있고 휠체어 서비스를 받기가 쉬워 공항에서는 문제가 없었다. 미국은 팁 제도가 양성화되어 있기에 서비스걸에게 팁을 넉넉히 주니 얼굴이 환해지며 한마디 한다. "요즈음은 신종 코로나에 오미크론 변이 바이러스로 경제 위기라 여행객이 줄어 근무시간이 잘리니 수입이 적어 배고플 때가 있는데 점심값이 매우 고맙다." 사랑으로 서로서로 위로하고 돕지 않으면 살기가 어려운 세계적인 코로나19 위기시대임을 실감케 하였다.

시카고공항에 도착하니, 시카고문인회 박창호 회장이며, 김영숙 시인과 신호철 시인 등 문인들이 반갑게 맞이해주었다. LA에서 출발한 한국문인협회 미주지회 강정실 회장, 오애숙 시인, 하와이에서 날아온 정덕수 수필가와 재회하니 시카고공항이 환호 소리로 활기가 넘쳤다. 행사 날 아침에 도착한 유경순 시인과 모든 것이 함박눈은 볼 수 없었어도 이른 성탄절 트리엔 깜박이등이 반짝반짝 정답게 속삭이며 생전 처음 시카고를 찾은 나를 반기는 듯했다. 차 안에서 바라본 시카고 중심 거리는, 아름다운 빌딩 숲을 이룬 고층 건축물들이 감탄사를 자아내게 했다. 문학행사는 신종 코로나 오미크론 변이 바이러스 시대에 맞춰 멋지게 진행되었다. 의학적으로는 특별한 치료법이 없다고 하지만 나의 경험으로 얻은 다양한 간호법으로 정성을 다하고 있다. 조금씩 좋아지고 있는 발을 딛고 일어서서, 남편 이병호 시인이 영상을 보며 자작시를 낭송하는 모습은 가슴을 뭉클하게 했다.

다음 날 문학여행에서 가이드 박 부장의 설명으로 본 모든 곳은 참으로 귀하고 나를 경이롭게 했다. 내가 그리도 보고 싶었던 시카고 밀레니엄 파크에 있는 명물인 콩같이 생긴 클라우드 게이트 앞에서 지팡이를 의지하고 선 남편과 사진을 찍을 수 있어서 행복했다. 시카고미술관에서는 모네의 '수련' 등 환상적인 예술품들이 내 발을 묶어 놓을 듯했다. 《노인과 바다》를 쓴 유명한 고전 소설가 헤밍웨이 생가, 일리노이주 청사 내부는 시카고가 건축의  도시임을 다시 한번 실감케 했다. 고전소설 《톰 소여의 모험》을 쓴 마크 트웨인(Mark Twain) 박물관, 미 서부가 개척되면서 동부에서 서부로 접하는 관문인 게이트웨이를 지나, 링컨 대통령의 묘지를 방문해 만지면 행운이 온다는 링컨 조각상의 코를 만지며 우리 남편의 다리 세포가 빠르게 정상으로 돌아오길 빌었다.

세월의 흐름에 따라서 언어의 뜻도 인간의 가치도 다양해져 가고 있다. 요즈음 흔히 듣는 비에 젖은 낙엽이나 삼식이는 은퇴해서 집에서만 지내는 남편을 못마땅하게 생각하는 주부들의 투정이다. 지금 우리 남편은 비에 젖은 낙엽이요 삼식이 같은 처지에 있다. 그래도 남편과 평생토록 시간을 함께하며 행복하게 사는 게 소원이다. 거동이 불편해도 나와 함께 행복한 문학여행을 해준 남편을 삼식이나 비에 젖은 낙엽으로 부르고 싶지 않다. 융화가 잘되어 은은한 맛을 낼 수 있도록 감초에 천년초를 넣은 건강수가 보글보글 끓어 오르면서 내는 수증기 속에 남편과 함께할 행복한 날들의 꿈도 두둥실 떠오르고 있다.

아름다운 간호사의 손

아름다운 간호사의 손은 정성으로 환자를 보살필 때의 손이다. 아름다운 손은 많다. 두 손 모아 신(神)에게 간구하는 손, 자녀를 보살피는 손······. 아픈 사람을 보살피는 간호사의 손이라고 말하고 싶다. 간호사는 백의의 천사라 불린다. 정말이지 흰옷을 입은 인간 천사가 되어야 하는 직업이다. 사명감으로 사랑 품은 마음으로 전문적인 간호지식을 발휘할 때 귀중한 한 생명을 살리는 아름다운 간호사의 손이 된다. 내 손이 '아름다운 간호사의 손'이었으면 좋겠다.

간호사의 손은 사람들이 싫어하는 대변, 소변, 피고름, 가래 등 몸에서 나오는 더러운 배설물들을 깨끗이 씻어내는 참으로 아름다운 손이다. 많은 종류의 의료진 중에서도 남이 하기 싫은 허드렛일을 거리낌 없이 한결같은 마음으로 충실히 할 수 있는 사람은 간호사다. 아름다운 간호사의 손이 닿는 곳은 지저분한 불순물도 깨끗하게 정화된다. 심하게 살이 썩어 가는 욕창 환자를 치료하고 간호해 줄 때는 구역질을 하면서도 지독한 냄새를 참아내야 한다. 돌발적인 사고로 정신병자 환자에게 얻어맞는 예도 있다. 전염병 환자를 간호할 때는 자신이 감염될 수도 있음을 알면서도 투철한 사명감으로 간호한다. 사람의 심리를 꿰뚫어 보면서 몸과 마음이 아픈 사람들을 간호해 주는 손은 숭고하기까지 하다.

간호사는 크림전쟁 때 플로렌스 나이팅게일(Florence Nightingale)을 "등불을 든 여인(The lady with lamp)"으로 부른 이래로 발전 계승해 오고 있다. 간호학교에서 하는 촛불선서식은 간호사가 되기 위한 이론과정을 마친 후 환자를 직접 간호하는 임상 실습으로 들어가기 전 한다. 선서식 때 손에 촛불을 들고 하얀 가운을 착용하는데, 주변을 비추는 봉사와 희생정신으로 이웃을 따스하게 돌보는 간호정신을 상징한다. "나는 일생을 의롭게 살며 전문간호직에 온 힘을 다할 것을 하느님과 여러분 앞에 선서합니다. 나는 인간의 생명에……."라는 선서식을 한 후 간호사가 되어 환자를 전문적으로 간호하게 된다. 나는 흥분과 떨리는 마음으로 간호사 생활을 시작하여 한평생을 병든 환자를 보살핀다. 이제는 머지않아 내가 아름다운 간호사의 손이 필요할지도 모를 시기다.

반세기가 되도록 환자를 간호해 왔으니 대단한 숫자다. 현지에서 가능한 파트타임까지 해서 엿가락처럼 시간을 늘리면 아마도 내 나이만큼 임상에서 환자 간호를 해 온 것 같다. 어쩜 지겹다는 생각도 없이 평생 같은 전문직에 종사해 왔는지 나 자신도 대견스럽고 자랑스럽다. 나는 촛불을 들고 나이팅게일 서약을 한 후, 한국 대학병원에서 간호사를 시작해 수간호사를 지냈고 1978년 미국으로 이민을 왔다. 그 시절은 나라 경제가 어려웠고 좀 더 잘살아 보자고 선진국인 미국이민 붐이 일어나던 때였다. 나도 생의 희망을 안고서 미국 유학을 꿈꾸던 남편과 함께 간호사 취업이민을 했다.

현지에서 **LVN**(Licensed Vocational Nurse) 자격증을 획득해 일하면서 정

식 간호사 공부를 다시 복습하기 시작했다. 남들은 한 번에 얻을 수 있는 자격증을 나는 해마다 두 번씩 있는 면허시험 응시에 8년째인 16번 만에 정식 간호사 자격증을 땄다. 고통스럽던 몸과 마음도 간호사 자격증 앞에서 사라지고 행복한 순간을 가졌던 기억이 엊그제 같은데 세월은 참 많이 흘렀다. 나는 생명의 소중함을 알고 생명을 지키는 일에 한평생을 보낼 수 있었음에 감사한 마음뿐이다.

아름다운 간호사의 손은 사람이 생사를 넘나드는 곳에서 바쁘게 움직일 때가 잦다. 응급실에서 수술실에서… 부분별로 생명을 살리기 위해 맡은 임무를 충실히 한다. 전문적인 지식과 습득 과정을 거친 간호 기술로 숨을 쉴 수 없는 사람에게 산소 호흡기를 끼워 숨을 쉬게 하고 피를 흘리는 사람에게 붕대를 감아 지혈시켜 준다. 심장 박동이 멈춘 사람에겐 자기 숨을 불어넣어 주면서 심폐소생술을 하여 생명을 살려내기도 한다. 신생아실에선 인큐베이터 안에 있는 여린 생명을 아주 조심스럽게 돌보는 간호사의 손. 진물이 줄줄 흐르는 피부를 소독하고 치료해 주는 손. 약을 주고 주사를 놓아주는 손. 환자가 통증에 시달릴 때는 머리에 손을 얹고 함께 아파하는 손…… 간호사의 손은 육체적이나 정신적으로나 질병이 있는 환자를 전인 간호를 하는 아름다운 손이다.

나는 생각해본다. 내가 아파서 간호사의 손길이 필요할 때 원하는 간호사처럼 내 평생 간호사 업무를 충실히 했었는가를-. 가끔은 미흡하고 의무적으로 간호사 노릇을 했을 때도 있겠지만, 인간적인 사랑 품고 환자를 보살펴 주었음은 분명하다. 요즈음 코로나19 역병 시기를 지나면서 나는 두 번이나 환자를 간호하다가 감염환자가 되었다. 무서운 전염병 환자도 위험을 감수하며 돌볼 수 있는 사람은 역시 사명감 있는 간호사임을 느끼면서 스스로 마음 뿌듯할 때도 있다. 환자가 죽음 앞에서 신음과 함께 간호해 줘서 고맙다는 마음을 말로 눈빛으로 표현할 때면 내 가슴이 무척 아파져 옴을 느낄 수 있다. 어쩔 수 없이 외로운 사람들의 임종을 맞이하게 될 때는 나는 기도하는 성직자의 마음이 되기도 한다.

나는 간호사 취업이민을 와 미주 한인 이민 1세로 열심히 살아왔다. 은퇴 간호사로서 행복하게 살고 싶은, 남은 인생은 어떤 희망을 품고서 살아야 할 것인지 생각해본다. 내 눈에 보이는 환자들뿐만 아니라 눈에 보이지 않는 지구촌 아픈 영혼들을 위해서도 간호하고 싶은 마음이 크다. 이 시간은 나도 심신이 아프면 누군가의 돕는 손길이 필요함을 절실히 느끼며 또 다른 아름다운 간호사의 손을 그린다. 평생토록 '아름다운 간호사의 손'을 가지고 병든 자를 간호하고자 노력했던 주름진 두 손을 훑는 나의 눈시울이 뜨거워지고 있음을 느낀다.

온돌방

 따뜻한 온돌방 위에 드러눕고 싶어 나는 핫팩(Hot Pack)을 등 뒤에 대고서 침대에 눕는다. 따뜻한 온기의 감촉을 느끼고 싶어서다. 온돌방은 한옥의 전통적인 방법의 가옥 난방이다. 구조는 방 밖에 있는 아궁이에서 불을 피우고 그 따뜻한 연기가 구들장 아래에 있는 고래를 타고 밖에 있는 굴뚝으로 빠져나간다. 구들장 위에 황토를 바르고 마지막 순서로 콩댐한 누우런 장판이 바닥에 깔려 있어 친환경 난방장치임을 알 수 있다. 우리 선조들은 오래전부터 이 독특한 바닥 난방 속에서 살았다. 나는 이 온돌방에서 태어나고 자라서인지 고국을 떠나올 때, 내 발목을 잡는 것 중의 하나가 온돌방이었다. 내 평생 못 잊을 무릉도원(武陵桃源) 같은 사랑하는 온돌방이다.

 온돌방은 따스함 한가지로 많은 것들을 생성(生成)해 내는 마법의 힘을 가지고 있다. 따뜻한 온돌방에 누우면 상상의 나래가 펴져 아름다운 내 꿈의 궁전이 된다. 온돌방 아랫목에 온기를 보존하기 위해서 펴 놓은 작은 이불 속에선 사람들이 발들을 맞대고서 오순도순 이야기를 나누며 인연을 맺은 사람들에게 사랑의 꽃을 피우게 한다. 겨울철 따스한 아랫목에는 뚜껑 덮인 밥그릇들이 이불 밑에서 밖에서 돌아올 식구들을 오순도순 기다리고 있다. 시골의 온돌방은 오지항아리에 청국장을 숙성시키기도 하고 엿기름을 띄우기도 한다. 때로는 널빤지에서 만들어진 메주가 꼬들꼬들해질 때까지 널려 있기도 한다. 소나기 내리는 여름 장마철에는 빨간 고추들이며 옷가지들을 말려 내기도 한다. 날마다 가족들의 즐거운 식당이요, 때로는 가족들의 놀이터가 되기도 한다. 내가 살던 온돌방은 청소를 깨끗이 해놓아서 기분이 좋다고 손으로 방바닥을 쓸어보시는 만큼 엄마의 칭찬 소리가 솟아났던 곳이기도 하다.

온돌방이지만 따스한 온기가 없을 땐 냉방이라고 부른다. 누구나 냉방에선 머물고 싶어 하지 않는다. 사람도 어딘가 따스함이 있는 사람이 있고, 어떤 사람은 가까이 살갗을 대고 싶은 마음이 일지 않는 사람도 있다. 정(情)이 없고 쌀쌀맞을 때 그런 것 같다. 진실로 사랑할 때 몸에서 따스함이 나오는 것 같다. 인생살이에서 따스함이 없다면 무슨 살맛이 있겠는가. 남들보다 조금은 바보스럽다고 느낄 때, 오히려 온돌방처럼 훈훈한 온기가 서리는 것 같다. 온기는 사람을 끌어당기는 힘이 있다. 사람이 가깝게 있어야 친숙해지고 아름다운 인연을 맺을 수 있지 않겠는가.

온돌방은 따스함 한 가지만으로도 수많은 것들을 신기하게 생성해 내고 있다. 나도 따스한 온돌방처럼 따스한 마음을 늘 품고 산다면 얼마나 좋을까. 가슴에 따뜻한 사랑을 품은 사람이라야 따스한 세상을 만들어 갈 수 있다는 생각 속에서 내 꿈의 궁전을 거닌다. 따스함을 조용히 뿜어내기만 하는 무릉도원 같은 내 사랑 온돌방은 생각만 해도 가슴이 따뜻해진다.

아카시아 꽃향기 흩날리는 기전동산

하이얀 아카시아 꽃망울이 터지는 교정. 아카시아 꽃향기 흩날리는 기전동산엔 내 인생의 신앙과 꿈 그리고 낭만과 행복을 가슴 터지도록 품고 있는 아름다운 여고 시절이 있다. 전주시 다가산에 위치한 기독교 정신을 바탕으로 세워진 빨간 벽돌의 기전학교는 아카시아꽃 향기롬으로 그윽한 곳이다. 경천(敬天), 순결(純潔), 애인(愛人)을 학교 교훈으로 삼고 언제나 예배시간을 시작으로 학교생활을 한다. 기전동산을 올라가려면 수많은 계단을 숨이 가쁘게 올라가는데 교정까지 무사히 올라갈 수 있음은 적당한 곳에 쉼터가 있어 숨을 고를 수가 있어서다. 그때 숨결을 타고서 폐부로 들어오는 향기로운 아카시아 꽃 향을 생각하면 지금도 행복해진다.

나의 학창시절의 교복은 하얀 칼라에 기독교를 상징하는 자주색 골지 투피스여서 여러 모양으로 변형시켜 입을 수 있었다. 소매가 없는 멜빵이 달린 원피스에 소매가 있는 짧은 윗도리를 덧입는 스타일이다. 햇빛 따사한 여름철에는 하이얀 블라우스에 원피스를 입고, 날이 추워지면 원피스에 허리길이가 짧게 만들어진 윗도리를 흰 칼라를 달아서 입을 수 있게 디자인이 되어 참 예쁘면서도 고상하고 여성스럽게 만들어진 교복이었다. 자주색 교복을 입은 여학생들이 아카시아 향기 속에서 탱탱한 살 내음을 풍기며 깔깔거리고 웃을 때는 기전동산은 온통 꿈나라 별천지로 변한다.

수많은 돌층계 밑으로는 같은 기독교 재단인 신흥학교인 남자학교가 있다. 맑은 시냇물이 흐르는 전주천을 끼고 있는 다가교를 발로 콕콕 찍으면서 걸으면 보이는 큰 학교 문을 함께 들어서서 가로수 길로 한참을 함께 걷다간 오른쪽으로 위치한 돌층계를 걸어 올라가 우뚝 솟아 있는 솔잎에 둘러싸인 기전학교로 올라간다. 헐떡거리며 한 계단 한 계단씩 돌층계를 올라서 등교할 때마다 나도 그만큼 자라났다. 여드름이 빡빡 난 짓궂은 남학생들은 여학생들이 계단을 밟고 올라갈 때 치마가 바람에 날려 누구의 속살을 보았다는 둥 낄낄대면서 얘기를 한다는 소문이 기전동산에 파다하게 퍼졌다. 참으로 어이없는 소문들이 난무했을 때, 항상 한복을 곱게 입고 출근하시는 근엄한 여교감 선생님의 강권으로 등굣길이 계단에서 운동장 옆길 아카시아 언덕을 끼고서 걷도록 교문이 다른 새로운 학교길이 생겼다. 새로운 길은 비가 오면 질퍽질퍽해서 운동화가 벗겨지기도 하고 겨울이 되면 미끄러져 엉덩방아를 찧는 소동이 일어나 말괄량이 아가씨들의 웃음이 끊이지 않는 낭만의 길로 변해버린다.

기전학교는 신흥학교와 더불어 호남 기독신앙의 주요지로서 독립운동과 일제 강점기 시대엔 신사참배를 거부하여 폐교당했음을 자랑으로 삼고 있다. 역사의 한 획을 새기고 있는 기전동산은 항상 진리의 말씀을 가르치시는 교목이 계신다. 회오리바람이 불어 운동장 황사들이 하늘로 올라가면 수업시간에 무심코 운동장을 보던 누군가가 소리친다. "애들아! 운동장 바라보아라! 지금 엘리아 선지자가 바람 타고 하늘로 올라간다~. 성경에 나오는 선지자의 모습을 상기시킬 때쯤이면 교실 안은 공부하기 싫은 여학생들의 웃음소리로 가득해 수업은 끝장이다.

다가산 위에 우뚝 솟아 있는 기전동산에서 아래를 바라보면 전통을 자랑하는 완산구, 한옥 기와지붕들…. 더 멀리에 모악산의 기(氣)가 퍼져 나오고 있음을 볼 수 있다. 모악산은 생각만 해도 산의 정기를 받을 수 있어 건강해진다는 전설을 지니고 있다. 내가 지금도 살아있음은 아마도 어디를 가든지 모악산 있는 곳을 바라보면서 심호흡을 하라는 어머니의 가르침을 내심으로 실천하면서 살아와서 일 것이다. 오른쪽으론 내가 유년 시절 병원에 입원했을 때 좋아했던 간호사가 있는 예수병원을 비롯해 선교사님 사택들이 있다. 미국 남장로교 최마태 선교사님이 선교목적으로 새운 학교여서인지 피스코라고 불린 노랑머리 선생님도 계셨는데 영어로 사람의 마음을 빼앗아 가던 그녀의 환한 미소가 눈에 아른거린다.

나는 틈나는 대로 미술실을 찾는다. 그곳엔 아담하게 생긴 친구 보연이가 이젤 앞에서 곱슬머리 석고상을 뚫어지게 바라보면서 석고소묘를 하고 있을 때가 잦았다. 연필을 눈앞에 두고서 손가락으로 곱슬머리 석고상을 등분하면서 데생을 하는 거다. 나는 친구에게 석고상을 나보다도 더 사랑하면 안 된다는 말을 귀에 속삭이고선 제일 단순하고 깔끔하게 생긴 석고상 앞에 이젤을 놓는다. 나는 지금도 하이얀 비너스 석고상을 내 곁에 두고 있음은 친구와 함께한 아름다운 추억과 함께 있고 싶어서일 것이다. 친구는 미술교사 시절에 자기 그림을 학교 복도에 많이 걸어 놓았는데, 방학 때 그림과 함께 열정도 모두 도난당한 충격으로 더 이상 그림을 그리지 않아서 아쉽다. 지금은 작은 자의 자세로 살아있는 천사의 모습을 보여주며 신앙생활만 하고 있으면서 나의 친구로 남아있어 주어 고마울 뿐이다.

1969년, 기전여고 졸업 기념 앨범에는 단발머리 꿈 많은 소녀들이 싱싱한 얼굴에 풋풋한 꿈들을 품고 있는 사진들이 있다. 모두 다 청아하고 참으로 예쁜 친구들의 모습이다. 경제적인 이유로 모교 서무과에 잠시 근무하셨던 《혼불》의 저자이신 최명희 선생님, 한국문학의 주역으로 계시는 소설가, 시인 선생님들의 모습도 젊음이 넘쳐 흐른다. 내가 처음으로 쓴 기행수필 '탐라여 잘 있거라'를 교지에 싣게 해준 제주 수학여행 필름들이 그 시절을 말해주고 있다. 아카시아꽃 향기로움에 취한 꿈을 한 아름 안고 무지갯빛 사랑을 밤하늘의 별들에게 즐겁게 들려줄 수 있는 기전동산. 나는 이 시간 내 인생의 꿈과 행복, 신앙이 서려 있는 아카시아 꽃향기 흩날리는 기전동산 돌층계의 쉼터에 서 있다. 미래의 고운 꿈을 안고서 보낸 배움의 터전을 추억하면서, 나는 인생길을 어떻게 걸어가고 있으며 어떤 향내를 내면서 살고 있는지를 잠시 생각해보고 있다.

영화

 영화를 본다. 영화 속 주인공을 따라 사랑하고 행복하고 때로는 슬퍼서 함께 울다 보면 한 편의 영화는 끝이 나고 만다. 영화가 끝나면 현실이 아니기에 허전하다. 그 공허함 속에서 어쩜 우리네 인생살이는 한 편의 영화일지도 모른다는 생각에 잠기곤 한다. 행복으로 끝나는 즐겁고 재미있는 영화처럼 남은 내 인생살이도 즐겁고 재미있고 행복한 인생살이가 되기를 소망해 본다.
 영화는 분위기를 추구하는 예술이라서인지 많은 사람이 모인 극장에서 봐야 감성을 사로잡는 마력이 있다. 옛날에는 극장에 가야 영화를 볼 수 있었는데 지금은 시대가 좋아져 손바닥만 한 스마트폰으로 볼 수 있어 편리하긴 하다. 설레는 가슴으로 극장 앞에 붙어있는 커다란 영화 포스터를 보면서 서성거리던 시절이 참으로 오래전이었는데 요즈음 또다시 영화가 나를 부르고 있다. 미국 할리우드 돌비극장에서 열린 제92회 아카데미 시상식에서 우리나라 봉준호 감독이 '기생충(Parasite)'이라는 작품으로 최우수작품상 등 아카데미 4관왕을 차지하여 세계의 주목을 받으면서 영화에 대한 나의 관심이 되살아난 것이다. 한국영화가 세계 영화를 이끌어 갈 자랑스러운 위치로 우뚝 서다니 경이로울 뿐이다. 좋은 영화를 만들기 위해 갖은 고생을 하며 한국영화 100년사를 이루어 가고 있는 수많은 영화계 사람들에게 고마움을 느낀다.

영화 '기생충'은 어느 시대나 어느 나라에서나 존재하는 빈부 양극화를 소재로 해서 만든 영화라 사람들의 공감대를 얻기가 쉽다. 지극히 한국적인 반지하의 생활 공간과 호화주택을 보여주고 있어 곧바로 빈부차이를 말해주고 싶은 영화임을 알 수 있다. 영화는 어느 장르의 예술보다도 시대성이 민감하기 때문에 요즈음 세계인의 관심사인 빈부격차를 예술적으로 표현한 봉준호 감독의 노력은 이루 말할 수도 없지만, 배우들의 대단한 연기에 찬사를 보낸다. 무슨 일이든 혼자가 아니라 함께 손을 잡고 가면 아름다운 결과가 이루어짐을 보여준 기적적인 최고의 오스카상이다. 대단한 사람들이 만들어낸 '기생충'이 세계인들의 가슴을 움직이게 하고 있어 기쁘다.

꿈 많은 여고 시절엔 왜 그리도 영화가 보고 싶었는지 모른다. 학교에서는 극장 출입 단속이 심했고, 선생님들한테 걸리면 정학을 당할 수도 있었다. 그 시절엔 토요일은 오전 수업만 있기 때문에 하굣길에 친구와 함께 가슴 졸이며 삼류극장으로 향했던 기억이 있다. 일류극장은 선생님들이 잠복해 있다는 소문 때문에 감히 엄두도 못 냈다. 극성스러운 영화팬 친구들이 가발을 쓰고 극장에 갔다가 단속반 선생님한테 들켰다는 소문이 파다할 때는 주로 애정영화였다. 보고 싶어도 볼 수 없었던 영화 제목들이 떠오른다. 초우, 안개…… 눈이 예쁘기로 유명한 문희, 상큼한 윤정희, 남정님은 내 가슴을 들뜨게 했던 그 당시 트로이카다. 지금은 고인이 되신 신성일 남자배우와 함께 수많은 청춘

영화를 만들어 낸 주인공들이다. 그런데 대부분 '미성년자 관람 불가'여서 볼 수가 없었는데 근래에 스마트폰으로 볼 수가 있어서 좋다. 언제나 남자 주연을 맡고 상대역 여배우들을 배려해 주면서 평생토록 영화를 사랑한 고(故) 신성일 배우는 참으로 영화계의 스타라는 생각이 든다.

나에게는 귀한 사진 한 장이 있다. 왕년에 대스타였던 윤정희 배우와 찍은 사진이다. 그녀의 남편인 피아니스트 백건우의 콘서트가 내가 사는 근방 샐리나스에서 있었기에 참석하면서 몇 마디 딸에 대해 대화를 할 수 있었는데, 그때 어느 기자가 찍은 사진이다. 요즈음 알츠하이머병으로 딸도 잘 분간을 못 하신다는 안타까운 뉴스를 듣고 나니 가슴이 아프다. 십여 년 전 나와 사진을 찍었을 때만 해도 아주 예쁘고 건강하였는데… 참으로 세월은 무심하다는 생각을 해본다. 하루빨리 기

* 피아니스트 백건우 콘서트장에서 배우 윤정희와 함께한 사진

적적으로 건강을 회복하셔서 사랑하는 팬의 글도 읽어주실 수 있었으면 좋겠다.

영화는 대중예술이라서인지 인생살이의 모든 것들을 포함하고 있고 또 표출해 내고 있는 느낌이 든다. 많은 관객은 영화를 보면서 대리 만족을 하기도 하고 때로는 슬픔에 젖어서 눈물을 펑펑 흘리기도 한다. 영화 속의 스토리가 어떻게 전개되었든 마지막 장면이 끝나면 현실이 아니었음에 허탈한 마음이면서도 또 다음 영화가 보고 싶은 게 영화의 매력이다. 나는 영화가 좋다. 그래서인지 요즈음은 옛날 명화를 찾아 다시 보는 시간이 많다. 다시 보아도 좋은 명화 '벤허'는 시간이 허락하는 대로 또다시 볼 예정이다. 이제는 한국이 세계 영화를 주도해 갈 수 있으니 벤허를 능가할 수 있는 스케일이 큰 한국영화가 만들어졌으면 좋겠다. 영화계에 영원히 남을 대명화 말이다.

오래전에 내가 사는 미국 캘리포니아 몬터레이극장에서 우리 민족의 전통적인 판소리로 품은 한의 정서를 잘 표현한, 한국영화 '서편제'가 상영된 때가 있었다. 얼마나 기뻤는지 모른다. 임권택 영화감독, 오정해 배우, 한(恨)을 토해내는 소리꾼들의 음성이 지금도 내 가슴 속에 새겨 있다. 나는 지금도 몬터레이 극장에서 또다시 한국영화 보게 될 날을 손꼽아 기다리고 있다. 대가족이 다 함께 미국에 있는 극장에서 한국영화를 본다면 얼마나 좋을까. 행복할 날을 꿈꿔 본다.

요즈음엔 영화예술계에 한류열풍이 많이 불어 기분이 좋다. 세계 속의 한국이 아니라 한국이 세계를 품는 시대가 멀지 않았다는 느낌이다. 불어라, 한류열풍아! 많이 많이 불어라~. 나를 즐겁게 해주는 영화들을 보면서 나도 즐겁고 행복한 한 편의 영화 주인공이 되는 느낌이다.

　대중문화의 중심에 우뚝 서서 인생살이를 반영해 가고 있는 영화가 주목된다. 작품 속에 삶의 진실과 행복이 커지길 바라면서 스타들의 얼굴을 그려본다. 그리고 한국 영화계를 빛나게 한 수많은 영화계 인사들에게 좋은 관객으로서 그 노고에 보답하고 싶다. 관객에게 사랑받는 좋은 영화들이 많이 상영되길 바라는 마음을 품고서 명작 극장을 찾아 나선다.

• 제3부 •

평화의 꽃봉오리

빨갱이, 빨치산

빨갱이, 빨치산.

공산주의 이념의 소지자를 지칭하는 말이다. 듣기만 해도 어쩐지 으스스하고 소름이 끼치는 언어들이다. 이렇듯 공포의 그림자가 드리워진 언어 속에서 기억도 없는 아버지 탓에 빨갱이 새끼라는 굴레를 쓰고 자란 한국전쟁이 발발한 시기에 태어난 친우가 있다. 가슴 한가운데에 '빨갱이'라는 단어가 똬리를 틀고 앉아 늘 아프게 하고 있어 우리나라의 슬프고 참담한 역사의 한(恨)을 품고 사는 친우다. 다시는 우리나라에 슬픈 역사가 반복되지 않기를 간절히 기도하는 마음으로 나는 이 글을 쓴다.

한국전쟁으로 격변과 혼란의 시기를 보내야 하는 선민들은 사람을 평등하게 잘 살게 한다는 새로운 세상 같은 공산주의 사상에 솔깃했을 것이다. 전쟁 시기에 지리산을 중심으로 공산당 게릴라전이 심했다. 사람들을 찾아다니며 설쳐대고 끈질기게 포섭해서 빨치산 당원으로 합류시켰는데 이 시기에 순진한 농사꾼인 친우 아버지도 동참하지 않았나 싶다. 전쟁 중이라 나라를 사랑하는 선민이지만 어쩌다 보면 빨갱이가 무엇인지도 모르면서 빨갱이 소리를 듣게 되는 때도 있었다고 한다. 하루 사이에 선민이 빨갱이란 소리를 들을 수도 있는 혼란의 시기가 우리나라 역사에 있었으니 참으로 슬프고 경악한 일이 아닐 수 없다.

내가 초등학교에 다닐 때는 6·25동란 후인지라 먹고사는 일도 힘들었지만, 사람들도 무서웠다. 밥을 얻어먹으려고 지저분한 얼굴로 다니는 거지들, 책보를 뺏기지 않으려고 손으로 꽉 쥐고 다니게 했던 넝마주이, 목탁을 두드리면서 시주하는 가짜 돌중, 지금은 한센병이라고 부르지만, 그 당시에는 문둥이라고 불렸던 찌그러진 표정의 사람들, 쇠갈고리로 된 손이나 목발에 지팡이를 짚고 다니는 상이군인들이 대문 밖에서 떠날 날이 없었다. 나는 어리지만, 시골집을 보면서 이들에게 곡식을 줄 때가 잦았다. 어떤 사람은 윽박지르듯이 험한 얼굴로 무섭게 겁을 주면서 귀한 쌀만 달라고 해서 오돌오돌 떨면서 곳간에서 퍼다 주었던 기억도 있다.

학교에서는 날마다 반공을 국시로 하고 민주주의나 애국에 대한 사상교육을 많이 시켰다. 노래도 폭력적인 언어들을 많이 사용했다. 무찌르자 공산당…, 전우의 시체를 넘고 넘어 앞으로 앞으로… 등, 싸움터에서 군인들이 부르는 노래가 초등학생들 입으로 아무렇게나 불리곤 했다. 빨갱이 빨치산을 조심하라는 교육도 받았다. 친구들 사이에는 빨갱이 새끼가 우리 반에도 있을지 모르니 조심해야 한다는 말도 나돌았다. 마을에서 도둑을 맞으면 빨갱이인 산사람들이 필요해서 밤에 내려와 가져갔을 것이라고 했다. 빨갱이나 빨치산 또는 산사람은 같은 의미로 공산주의자를 지칭하는 용어였다.

탕! 탕! 탕!

총탄 소리가 어두운 밤하늘을 공포 속으로 몰아넣었다. 총소리가 날 때마다 나열해 있던 사람들 중 한 사람씩 총살을 당해 쓰러져 가는 무차별 대량학살 장면. 초등학교에 들어가기도 전인 친우 오빠는 이 참혹한 광경을 멀리서 목격했다. 무자비한 사람들에게 끌려간 아버지는 호숫가 둔치에서 공산당 지령을 받은 빨갱이라는 이름으로 총탄을 맞고 쓰러진 것이다. 그 당시 시체는 그대로 호수에 던져버려 가족은 볼 수도 없었다 한다. 그 피비린내 나는 현장에서 그래도 자기 아버지 시체를 가져와 장사할 수 있었던 것은 할아버지의 재빠른 판단에서였다. 나라를 사랑하며 나라를 살려야 한다고 산악 지역이나 토굴에서 외치던 친우의 아버지는 그렇게 빨갱이라는 이름으로 목숨을 잃었다.

친우는 남의 집으로 삯일하러 다니는 어머니 등에서 서럽게 자랐다. 학교생활은 밖으로 표현은 안 하지만 친구들이 빨갱이 새끼라고 손가락질하는 것 같아 언제나 우울한 정서가 형성되었다. 가끔 오빠의 불편한 마음의 학교생활 이야기를 들으면서 다음 날 또 싸울까 봐 가슴을 조이기도 했다. 상이군인들은 너희 아버지 같은 사람들 때문에 나라를 구하려다가 병신이 되었노라고 집 안까지 들어와 무섭게 삿대질을 하면서 보상하라고 대드는 게 다반사였다. 세월이 흘러 오빠가 고등학교를 졸업한 후 사관학교에 진학하려고 했는데 사상검증에 빨간 줄이 그어져 진학할 수가 없었다. 이 때문에 오빠는 억제할 수 없는 분노로 불같이 화를 낼 때가 잦았고 생활이 엉망인 모습을 보아야만 했다. 친우는 지금도 빨갱이라는 단어만 생각해도 가슴에 통증이 온다 한다.

빨갱이, 듣기만 해도 가슴이 서늘해지는 이 단어를 요즈음 정치 중심가에서 아무렇지도 않은 듯이 사용하고 있음에 놀랍다. 반대파를 공격하면서 조롱하며 싫은 태도로 빨갱이 색깔론 등 함부로 사용하고 있는 정치인들은 올바른 시대정신을 가졌는지 한 번쯤 생각해볼 일이다. 남북관계를 중요시하는 이 시대에 서로 할퀴는 이런 언어들이 정치인들 사이에서 범람해도 되는지 모르겠다. 재외동포로 사는 나지만 늘 고국 소식에 귀를 기울이고 살기 때문에 국민과 민족을 위해 정치한다는 사람들의 태도를 보면서 염려할 때가 있다. 우리나라 대한민국은 민주국가 중에서도 가장 빠르게 모든 분야에서 발전해 가고 있는 나라다. 정치인들의 태도도 세계에서 모범이 되고 으뜸이 되는 국민의 대변자들이 되었으면 좋겠다.

빨갱이, 빨치산으로 간주해 아버지가 학살 만행을 당한 뼈에 사무친 원한을 풀기 위하여 오랜 시간 친우 가족이 노력한 결과 국가로부터 좋은 소식이 있었노라 한다. 역사의 소용돌이 속에서 빨갱이라는 이름으로 억울하게 총살당한 음지에서 나라를 사랑하셨던 친우의 아버지와 빨갱이 새끼라고 손가락질받으면서 침울하게 살았던 친우 그리고 가족들을 마음 깊이 위로한다.

다시는 우리나라에 가슴 아픈 역사가 형성되지 않길 간절히 기도하는 마음으로 나는 이 글을 맺는다.

인종차별 속에서 꾼 꿈

　인종차별. 존재의 차별을 당한 사람은 절망의 깊은 늪에서 허덕이기 쉽다. 그 속에서도 아름다운 삶에 대한 꿈을 꾼 사람이 있다. 인종차별을 직접 겪어보지 않은 사람은 그 모멸감을 알 수 없을 것이라고 말하던 미스 유(애칭). 인종차별이라는 절망의 늪에서 아름답게 꾼 꿈을 간직하고 있던 미스 유가 오늘따라 무척 생각이 난다. 새로운 삶을 위해 멀리 이사를 하게 되었노라면서 언젠가는 다시금 나를 찾아올지도 모르겠다고 하던, 뒷모습이 애처로웠던 그녀.

　우연히 알게 된 미스 유는 미국에 살면서 맛있는 한국 음식을 세계화하는 게 꿈이라 했다. 경제적인 뒷받침이 필요하기 때문에 우선은 한국식당을 차리는 것이라 했다. 인종차별이 극심한 상류층 시집 식구들까지도 한국 불갈비며 잡채를 좋아하는 모습을 보면서 꾸기 시작한 꿈이라 한다. 내가 만난 미스 유는 한국 시골 마을에서 태어나 도회지에서 여상을 나온 아주 여린 마음을 가진 삼십 중반쯤 되는 젊은 주부였다. 내가 본 그녀는 아담하고 수수하게 생긴 전형적인 한국 여성이었다. 그런데 그 속에는 인내로 점철된 수많은 사연을 품고 있음에 놀라지 않을 수 없었다. 가난한 시골에서 태어나 홀어머니의 헌신적인 보살

픔으로 도회지에서 여상을 졸업한 후, 지인의 소개로 미군 부대 타이피스트로 취직이 되었다는 미스 유.

미스 유는 아름답고 영화롭게 살라는 뜻으로 아버지가 지어주셨다는 미영(美榮)이라는 이름의 뜻을 나에게 설명해주면서 지나온 과거사를 들려주었다. 가끔은 행복한 모습으로 가끔은 서글픈 모습으로 가끔은 홍조를 얼굴에 띠우며 떨리는 모습으로 얘기하던 그녀의 모습이 아른거린다. 여고 시절엔 천장에서 빗물이 새고 쥐똥이 떨어져 내리기도 했던 도회지 변방 허술한 집에서 배고픔 속에서 살았지만, 형제들이 서로 의지하고 사랑하면서 살았기에 즐거운 추억으로 남아있다고 한다. 미스 유는 여상을 졸업한 후 미군 부대 타이피스트로 취직을 할 수 있어 뛸 듯이 기뻤다.

일찍이 돌아가신 아버지를 대신해서 큰오빠가 보수적인 가정교육을 했기에 여고를 졸업할 때까지 남학생 근처에 가는 것까지도 망설이며 살았단다. 순수한 시골 여학생이 미군 부대 타이피스트로 취직이 되었으니 집안에서는 기쁨 반 걱정 반이었다. 더군다나 사랑에 빠진 미군과 결혼을 한다고 하니 다시는 집에 발걸음을 하지 말라고 큰오빠로부터 청천벽력같은 호령이 떨어졌다. 미군인 남편과 서류 결혼 후 집을 찾았으나 큰오빠가 무서워서 동네 아줌마에게 선물만 전해주라고 부탁하고선, 서럽게 울면서 발걸음을 되돌려야 했다. 이해할 수 없다는 남편을 설득한 후 미국으로 건너와 살면서 지금까지도 친정집을 가지 못하고 있노라 하면서 눈물을 훔쳤다.

시댁은 미국에서도 고급 주택이 즐비한 백인 우월주의가 심한 곳에서 법조계 명문가로 통하고 있었다. 남편은 한 번도 부모님이나 형제들을 소개해 주지 않았다. 법적으로 혼자서 결혼할 수 있는 나이였기에 부부로 가정을 꾸미고 사는 데는 문제가 없었지만, 가족모임에서는 언제나 소외감을 느껴야만 했다. 어느 날 가발을 쓰고 서구적인 화장을 하고서 가족 파티에 간다는 남편 앞에 모습을 보였다. 남편도 어쩔 수 없다는 표정을 하면서 어떤 일이 있어도 마음 상하지 않겠다는 다짐을 하고 가족 파티에 참석했다. 가족들은 마치 원숭이 바라보듯이 냉대했고 남편의 표정은 굳을 대로 굳어 있었다. 세월이 지나 또다시 몇 번의 용기를 내어 불갈비를 준비해 들고 가서 바비큐 해서 맛보게 했더니 시집 식구들이 마음 문을 열기 시작함을 느꼈다. 어느 때부터 김치며 한국 음식을 해 달라는 주문이 올 정도로 가족의 분위기를 느끼고 있으면서도 여전히 인종차별을 느끼는 속에서 꿈이 생겼는데, 한국 음식을 세계화하는 데 조금이라도 보탬이 되었으면 하는 꿈이란다.

내가 살고 있는 미국은 인종차별이 뿌리 깊게 고질화된 병으로 남아 있다. 세계 이민자들로 이루어진 미합중국이라는 특수한 이유도 있지만, 흑인과 백인 사이의 갈등, 원주민들과 개척자들의 갈등이 해소되지 않는 나라다. 은근히 느끼게 되는 인종차별은 알게 모르게 끊임없이 행해지고 있다. 여러 가지 이유로 아마도 천지개벽이 일어나 새로운 세상이 오지 않고서는 토착화된 인종차별은 영영 없어지질 않을 것 같다. 인종차별이란 사람을 만들어 주신 창조주 앞에선 절대로 있어서는 아니 될 일인데 말이다.

한때는 'I can't breathe'라는 팻말을 들고 길가에 서서 데모하는 흑인들이 많았다. 2020년 5월에 한 백인 경찰이 조지 플로이드를 체포하는 과정에서 과잉 진압해 병원으로 옮겼으나 숨진 사건이 있었던 후였다.

"숨을 쉴 수 없어요!"라고 말한 조지 플로이드는 흑인이었고 이 일로 인해 흑인의 목숨도 소중하다는 BLM(Black Lives Matter) 운동이 재점화되었다. 인종차별 탓에 무차별한 폭행과 불이익을 당하고 있는 사례가 미디어를 통해서 보도될 때마다 미국의 고질병은 더욱더 악화하는 느낌이다. 남을 존중하지 않고 낮잡아 보는 사람은 상대방에게 상처를 주어 심하면 천하보다도 귀한 한 생명을 잃게도 하니, 인종차별은 얼마나 무서운 일인가!

인종차별 속에서 꾼 꿈을 이루어내고 싶어 오늘도 누군가에게 맛있는 한국 불갈비 바비큐를 하고 있을지도 모를 미스 유. 한국 음식을 세계화하는 데 조금이라도 이바지하는 사람이 되고 싶은 소박한 꿈을 품고서 온갖 노력을 하고 있을 것만 같다. 그런데… 웬일인지, 미스 유가 행복한 마음으로 다시 찾아주길 바라는 나의 마음이 자꾸만 아려 오는 이유는 무엇일까.

코로나19 감염자의 일기장

• 01/20/2021. 수요일. 코로나19 무증상 환자가 되다

느슨한 마음으로 산책하고 집에 돌아오니 병원에서 코로나바이러스 테스트에서 양성으로 나왔으니 2주간 자가격리에 들어가라는 소식이 왔다. 내가 일하는 메디칼센터 의료진들은 테스트에서 양성이 나온 직원들이 많아 계속 일주일에 두 번씩 테스트하고 있다. 나는 순간적으로 대부분의 중증 환자들이 갖는 갖가지 생각들이 스쳐 가면서도 환자를 직접 간호했으니 올 것이 왔구나 하는 생각이 컸다. 고열에 토하고 기침하며 가슴 통증과 호흡곤란을 호소하는 등 코로나19 증상들을 가진 고통스러운 환자들의 모습이 떠오른다. 나는 이미 코로나19 백신을 맞았고 무증상 환자지만 곧바로 2주 자가격리에 들어갔다. 생활 거처를 집에서만 한다는 코로나 시대의 신조어 집콕에 더하여 내 방에서만 생활해야 하는 집콕 방콕 신세가 된 셈이다. 코로나19 팬데믹이 부부까지도 억지 별거를 하고 움츠리며 사는 생활을 강요하고 있는 실정이다.

• 01/22/2021. 금요일. 이상한 시대를 생각하다

당연했던 일들이 당연하지 않게 된 현실에서 나는 이상한 세계를 본다. 제약된 일상생활에 무척 불편한 삶이 계속되고 있다. 평상시에는 사람들과 마스크 쓰지 않고 마음 놓고 말하고 웃는다. 식구들과 함께 식사하면서 서로 음식을 나눠 먹는다. 반가운 사람들을 만나면 서로 부둥켜안고 얼굴을 비비기도 한다. 병문안 가고 싶으면 수시로 환자를 볼 수가 있었고, 여행을 가고 싶으면 언제든지 마음대로 갈 수 있었다. 그런데 이렇게 더불어 살아가는 일상적인 일들을 할 수 없게 되었다. 코로나 시대는 문화생활도 바꾸어 버렸다. 사람의 생명을 위협하는 코로나19 팬데믹은 온 지구촌 사람들을 공포로 몰아가고 있다. 코로나19 감염자가 세계인구 78억 중 1억이나 되고, 사망자 수는 215만 명이라는 뉴스를 들으면서 나도 그중의 한 사람이라 생각하니 기분이 묘하다.

• 10/23/2021. 토요일. 빛과 그림자

오늘은 주말이라 결혼해서 생활하고 있는 딸들로부터 전화가 왔다. 서로 마음과 마음으로 사랑의 대화를 나누며 사는 사랑하는 딸들이다. 전선을 타고 코로나19가 전이될 것 같은 착각 속에 코로나 테스트에서 양성을 받았다는 이야기하기도 조심스러워 얼굴 비대면으로 통화하다. 서로 비비고 껴안고 사랑을 나누지 못하니 코로나 우울증이 생길 지경이다. 나는 코로나19 감염자로서 언제라도 증세가 나타날 수도 있고 남에게 감염시킬 위험성을 보유한 자이기에 거리두기를 철저히 해야 한다. 코로나 환자를 간호하는 자가 코로나 환자가 된 셈이다. 인생살이란 빛과 그림자가 공존하고 있음을 깨닫게 해준다. 내가 남에게

빛을 발할 때 남도 빛을 받을 수 있기에 나 자신부터 빛이 되어야 한다는 생각이다.

• 01/27/2021. 수요일. 비대면 인터넷과 화상 줌으로 드리는 예배

대면 예배를 드리지 못하니 일요일은 비대면 온라인으로 수요일은 화상 줌으로 예배를 드리고 있다. 소통과 공감을 나누며 이 위기를 새로운 기회로 삼아 더욱더 사랑하는 공동체로 거듭나기 위해서다. 예배의 본질은 지키되 서로 이웃을 사랑하는 마음으로 방역수칙을 지키고 있는 상태다. 하루빨리 코로나가 물러가고 평상시처럼 교회에서 대면 예배가 이루어지길 빈다. 현재 나는 코로나 자가격리 중이라 몸이 조금만 이상해도 예민하다. 나의 길을 인도해 주시겠다고 하신 약속의 말씀을 굳게 믿으면서 심적으로 우리 집 문설주에 어린양의 피를 바른다.

• 01/28/2021. 목요일. 더불어 사는 삶의 귀중함을 느낌

지금 우리가 방역수칙을 지키기 위해 거리두기를 하지만 결국은 불편한 이 시기를 견딘 후엔 우리 모두가 어울려 살아가기 위해서가 아니겠는가. 이 세상에서 지금까지 이런저런 인연을 맺어가면서 살아온 사람들의 모습이 흑백 필름처럼 눈앞을 스쳐 간다. 모두들 사랑하는 사람들이다. 어쩌다 사랑할 수 없이 지냈던 사람들도 지금 생각해보니 모두들 지금의 내가 있도록 버팀목이 돼준 귀한 사람들이다. 나와 함께 살아온 사람들이 없었다면 지금의 내가 존재할 수가 있겠는가. 이웃을 서로 사랑하면서 더불어 사는 삶이 얼마나 귀한 삶인지를 다시 한번 느낀다.

• 01/30/2021. 토요일. 여기까지 왔는데

　남편이 배가 좀 아프고 입맛이 없다고 한다. 가슴이 철렁 내려앉는 기분이다. 코로나 초기 증상이 아닐까 하는 불안감이 나를 엄습한다. 내가 지금까지 살 수 있었던 것은 남편이 곁에 있어서다. 부부(夫婦)의 연을 맺어 좋을 때나 싫을 때나 인생살이를 함께 하면서 여기까지 왔는데 혹시라도 치명적인 코로나에 나로부터 전염되었다면 어쩌나. 질병에는 정신력이 약한 남편이 걱정되어 온 신경이 쓰인다. 다행히 음식을 섭취한 후 기운이 나고 이상 증상은 없다. 코로나바이러스19 테스트 시간을 예약했다.

• 02/01/2021. 월요일. 생명의 존엄성을 다시 깨우치다

　생명처럼 귀한 것은 이 세상엔 없다. 생명의 유무는 신(神)의 영역이다. 코로나19 위기 상황을 극복하면서 의료진으로서 생명의 존엄성을 다시 한번 깊이 깨우친다. 생과 사의 경계에서 간호사로 평생 충실할 수 있음에 감사할 뿐이다. 무증상이니 현장으로 나오라는 소식을 받은 나에게 햇살이 환히 비추고 있다. 나는 큰 소리로 외친다. "코로나19여! 하루빨리 종식하라!"

평화의 꽃봉오리 터지는 소리

여기저기서 평화의 꽃봉오리 터지는 소리가 들린다. 햇볕 따스한 봄날에 살구꽃 봉오리들이 귀를 의심할 정도로 펑-펑- 소리를 내면서 터지듯이. 결코, 잊을 수 없는 1950년 6월 25일 동족상잔의 한국전쟁, 그리고 남북 간의 휴전협정. 분단 격동의 68년이란 세월을 견뎌낸 올해 2018년 4월 27일 남북정상회담이 '평화, 새로운 시작'으로 남한의 문재인 대통령과 북한의 김정은 위원장이 38선 군사분계선을 뛰어넘어 포옹했다. 삼천리 금수강산에 사는 7천만 백의민족의 뜨거운 민족애를 교류한 것이다.

2018년 6월 12일엔 미국 트럼프 대통령과 북한 김정은 위원장의 역사적인 만남이 싱가포르 센토사섬에서 성사되어 한반도의 완전한 비핵화를 약속하는 공동선언문을 발표하여 70억 세계인들을 기쁘게 했다. "여기까지 오기가 쉽지 않았습니다. 못된 과거가 발목을 잡고······. 세상은 아마 중대한 변천을 보게 될 것"이라는 북한의 김정은 위원장의 말이 평화의 꽃봉오리를 터트리는 소리로 들린다.

가슴이 뭉클하다. 2018년 9월 20일에는 남·북의 두 정상이 백두산 천지에서 손을 높이 맞잡고 역사적인 만남을 세계에 알렸으니. 어느 날

통일이 되어 우리 땅과 하늘 그리고 바다로 우리의 아름다운 삼천리 금수강산을 자유로이 구경할 날도 멀지 않았다는 생각이다. 백두산 흙과 한라산 흙을 섞어 한반도 평화와 번영을 기원하며 기념식수로 심은 다복솔 나무가 잘 자라 우리 강토를 울창하게 할 날이 머지않아 보인다.

이제는 자라면서 무던히도 들었던 전쟁 이야기, 폭탄 터지는 소리, 빨갱이, 무찌르자 공산당…… 공포에 떨게 하는 언어들을 잊어버리고 살아도 될 세월이 지나지 않았는가. 요즈음은 민족의 숙원인 종전선언에 이어 통일을 알리는 소리로 가득하다.

한국전쟁이 돌발한 시기엔 나는 풍년 두부같이 토실토실하고 방실방실 웃는 귀여운 아기였다. 하늘에서 폭음을 내며 나는 비행기 소리와 폭탄 터지는 무서운 소리가 나면 우리 어머니는 나를 온몸으로 덮어 감싸고 방공호 안에서 쪼그리고 계셨단다.

때로는 예쁜 아기만은 살려야 한다고 나를 포대기로 싸서 겨우 눕힐 만한 높이의 음침한 대청마루 밑에 숨길 때도 있었단다. 후루룩-! 암탉이 홰를 치며 알을 낳았노라고 알려준 날, 한국전쟁 때 내가 숨겨져 있었던 마루 밑으로 배를 땅에 대고 기어들어 가 달걀을 찾아보라고 어머니는 말씀하시면서 들려준 전쟁 때 겪었던 한 삶의 모습이다.

이 세계에 마지막으로 남아있는 분단국가의 서러움은 남한, 북한이 아닌 '대한민국'이란 이름으로 세계에 알리면서 사라질 것이다. 평화의 꽃봉오리 터지는 소리가 여기저기서 즐겁게 들린다. 언젠가는 꽃 진 자리에서 참으로 새롭고 신비로운 평화의 열매가 맺힐 것이다.

흠이 많을지라도

아무리 흠이 많을지라도 내가 가장 귀한 존재임을 진리의 말씀에서 알 수 있다. 천하보다도 한 생명이 귀하다고 하셨으니 숨을 쉬고 있는 나는 이 세상에 있는 어느 것보다도 귀한 셈이다. 그런데 이렇게 귀한 생명을 스스로 끊어 버리는 사람들이 있어 가슴이 아프다. 얼마나 괴롭고 외로웠으면 스스로 생명을 포기해야만 했을까, 하는 연민은 가지만 그래도 그래서는 절대로 안 된다는 생각이다. 창조하신 후에, 너는 내 것이라고 심히 기뻐하신 하나님에 대한 배반 이전에 금기 사항임을 신앙생활에서 자연적으로 터득하고 있다.

나 자신을 비하하면서 남과 비교하는 순간부터 불행은 시작된다는 생각이다. 인생살이 대부분은 재물과 명예와 사랑 때문에 울고 웃는다. 어느 누구도 이런 것들에게서 벗어나지 않을 것이다. 무언가에 얽매여 사는 게 인생살이 아니겠는가. 아무리 어렵고 힘들고 슬퍼도 시간이 지나가면서 차츰 희박해 가는 게 삶의 이치 아닌가. 얼룩진 빨래가 햇살에 오래 바래지면 희미해지듯이 말이다. 가끔 유명 인사들이 유형과 무형의 삶의 모습이 다르다는 것을 보여주기라도 하듯이 극치의 스트레스 탓에 스스로 인생을 포기하는 뉴스를 접할 때마다 가슴이 덜

컹 내려앉는다. 아쉬움과 함께 후세들에 대한 민망함도 크고 참으로 슬픈 일이라는 생각이다. 절망이라고 생각되는 이면에는 반듯이 희망이 있을 텐데……

 귀한 한 생명은 하나님이 허락해주신 이 아름다운 세상에서 한평생을 순리대로 살다가 본향으로 가는 자연사가 가장 좋을 것이다. 타살은 너무도 억울하고, 자살은 있을 수가 없는 일이다. 아무리 흠이 많은 사람이라도 가슴 속에는 사랑이 있고 평화와 선함이 있고 사람답게 살고 싶은 꿈은 존재한다. 어느 누구나 인간의 본능은 같을 것이다. 살다 보면 이런저런 일들 탓에 자기만이 바보스러운 생활을 하고 있다고 생각되더라도 후회할 수 있고, 생각할 수 있고, 계획할 수 있는 생명만은 다 같고 귀중하지 않은가.

 나 같은 인간들은 모두가 피조물이고 흠이 없는 사람은 단 한 사람도 이 세상엔 없을 것이다. 아무리 흠이 많을지라도 사람은 만물의 영장이다. 어느 누구도 나를 도와줄 수 없는 위기로 사면초가(四面楚歌)되어 앞뒤 양옆이 꽉 막혀 옴짝달싹 못 할 때도 하늘은 볼 수 있지 않은가. 하늘을 향해 도와주시라고 소리치면 되겠다. 그러면 반드시 새 생명으로 인도하는 기적을 체험할 수 있을 것이다. 피조물인 사람은 흠이 많을지라도 창조주에겐 가장 귀한 존재임이 틀림없기 때문이다. 나는 흠이 많아 부끄러워도 살기에 충분한 가치가 있다고 생각하면서 그냥 섭리대로 살고 있다. 삶은 창조주의 뜻을 알 수 있는 본향으로 가는 길이라는 생각에서다.

2020년의 겨울밤

2020년의 겨울밤은 불청객 코로나바이러스가 광란의 춤을 추고 있다. 고요하고 거룩한 겨울밤. 흰 눈이 사뿐히 대지로 내려앉아 눈부시게 아름다운 세상으로 변하는 겨울밤. 세상 사람들은 '메리 크리스마스!'를 외치며 구주의 탄생을 축하하는 성탄절이 있는 겨울밤인데, 2020년의 겨울밤은 코로나가 온 지구촌을 점령하고 있어 사람들은 입에 마스크를 쓰고서 아무런 소리를 내지 못하고 있다.

2020년 겨울밤의 거리는 너무도 황량하다. 어두운 길 위로 몇 사람들이 바삐 발걸음을 옮기고 있을 뿐이다. 추운 날씨임을 말해주듯이 입고 있는 재킷 깃을 세우고 있다. 해마다 깜빡이는 전등불과 크리스마스 캐럴로 사람들의 마음을 유인해 가던 상점들은 거의 문을 닫았다. 설령 문을 열었다 하더라도 고객이 없어 휑하고 쓸쓸하기만 하다. 다행히 식량과 생활품이 있는 가게는 사람들의 행렬이 이어지고 있지만, 사회적 거리두기로 인해 옆 사람과의 대화가 없이 그저 살기 위해서 생필품을 구하는 모습이다.

그런데 쌀과 휴지를 놓고 파는 곳은 현재 물건이 없다는 안내문만 있어 사람들을 실망하게 할 때가 잦다. 시장 길가에서 군밤이나 땅콩을 사고 군 오징어를 사서 섞어 먹으며 연인들과 팔짱을 끼고 다니던 낭만의 겨울밤 거리는 이제 옛 추억으로 사라져 버리고 말았다 싶다. 아무리 친한 사람이라도 접촉을 꺼리는 사회가 되어가고 있으니 다음 세대의 청춘 남녀들은 어떻게 사랑을 키워 갈 수 있을지 사뭇 걱정된다.

2020년의 겨울밤은 방콕(Staycation) 생활하라는 방역당국의 지시다. '방콕'은 코로나19로 인해 새로 생긴 '방에서 콕 박혀 있다'라는 뜻의 신조어다. 사람들의 이동을 제한하고 있어 객지에서 사는 사랑하는 아들 딸 손자들도 품어 볼 수 없는 실정이다. 가족들과 모여 윷놀이, 화투치기 등 재미있는 놀이를 하면서 맛있는 음식을 함께 먹으며 목이 터지라 웃어대던 겨울밤이 불안과 염려의 겨울밤으로 변한 것이다. 그래도 시대가 좋아져서 비대면 영상으로 얼굴도 보고 얘기도 하지만 스마트폰이나 줌 등 화상으로 얼굴을 볼 수 없는 사람들에겐 서로의 소식이 무척 궁금하고 서로가 그리울 뿐이다.

2020년 한 해를 마무리하는 겨울밤의 병실은 너무도 적막하다. 통상적으로는 초저녁의 병실은 가족들의 만남으로 화기애애한 분위기를 볼 수 있어 사람 사는 세상은 역시 사랑하는 사람들과의 만남이 이루어져야 행복하다는 생각을 하게 된다. 그런데 올해는 단 한 명의 보호자들도 병문안을 허락하지 않기 때문에 허허롭기만 하다. 낮에는 커다란 거울을 작은 출입문 사이에 두고 병원의 환자와 병원 밖의 보호자가 멀리 얼굴을 보면서 워키토크나 핸드폰으로 서로 대화를 나눌 수 있을 정도다. 가끔 유리창 너머로 손짓, 발짓 하면서 비대면 면회를 하니 별난 세상에 사는 느낌이 든다. 사랑하는 사람들을 마음껏 만날 수 없는 괴로움으로 어떤 환자들은 정신적인 불안이 심해져 징징 울면서 계속해서 이름을 부르며 곁에 있어 주길 바란다. 거리두기로 사랑하는 사람들과 서로 껴안고 정을 나누는 행동을 금지하고 있어 나타나는 코로나 우울증 현상이다. 인간은 혼자서는 살 수 없고 더불어 살아가는 존재임을 마음속 깊이 느끼게 한다.

2020년의 겨울밤. 내가 사는 포인트 공원에는 커다란 크리스마스트리와 정각에 깜빡등이 깜빡인다. 그런데 주위에는 아름다운 겨울밤을 즐기는 사람이 아무도 없다. 팔짱 끼고 사랑을 속삭이는 젊은 남녀노소도 없고 아이들의 손을 잡고 하늘의 별과 크리스마스트리 위에 장식된 별들을 바라보며 행복한 웃음소리를 내는 사람들도 없다. 모두 어디서 코로나바이러스를 피하고 있는 것일까. 잠잠히 방콕/스테잉 홈 생활을 하면서 코로나바이러스를 물리칠 인간의 지혜를 짜내고 있는 것일까. 아무도 앉아 있지 않은 기다란 벤치가 너무도 적막하고 쓸쓸하게 보인다. 차가운 겨울바람만이 크리스마스트리를 외로이 흔들며 놀고 있다.

2020년의 겨울밤은 가슴 속 깊은 곳에 사랑의 향기를 품게 한다. 고달프게 살아온 인생길에서 휴면기를 준 분위기다. 새해의 아름다운 삶을 위해 필요할 때 쓰기 위해 세포마다 에너지를 비축하는 기분이다. 나쁜 코로나바이러스가 한 해를 핥고 지나가면 반드시 새해에는 새싹이 트인 생명의 환희로 근사해질 것이다. 지구촌 사람들은 한 해쯤 살풀이춤보다 더한 광란의 코로나19 춤사위를 구경해 줄 아량이 있지 않은가. 서로 만나고 웃고 걷고… 토론하는 일상적인 생활의 리듬이 얼마나 행복한 삶인가를 미친 듯이 지구촌을 돌아다니며 사람을 해(害)하는 코로나바이러스 광란의 춤사위를 보면서 절실히 느낀다. 지구촌 사람들은 독수리처럼 힘차게 비상하는 지혜 속에서 만들어진 백신과 치료약으로 악질 코로나를 물리치고 승리하여 모두 서로서로 어깨를 부딪치며 덩실덩실 춤을 출 것이다.

  2020년 겨울밤이 다 지나고 나면 2021년 새 아침을 알리는 밝은 해가 반듯이 두둥실 떠오를 것이다. 광란의 춤을 추던 악질 코로나바이러스19는, 방역대책을 나부터 지키는 높은 시민의식, 백신과 치료약에 못 이겨 인간을 떠나 지구 밖으로 쫓겨날 것이다. 그리곤 올해는 생전 처음으로 광란의 코로나19 춤사위를 구경한 지구촌 사람들이 모두 힘을 합쳐 삶에 커다란 영향을 준 코로나 팬데믹을 힘들게 이겨낸 한 해로 영원히 기억될 것이다. 지구촌 사람들은 불청객이 없이 자유를 흠뻑 누릴 수 있는 희망의 새해를 기다리고 있다.

  수많은 사람에게 너무 많은 아픔과 눈물을 준 코로나19를 품은 2020년 겨울밤이여! 안녕, 영원히 안녕~

코로나바이러스

　코로나바이러스는 눈으론 볼 수도 없는 미세한 병균이다. 그런데 이 코로나바이러스(COVID-19)가 어찌나 무섭게 인간에게 피해를 끼치는지 팬데믹(Pandemic)으로 규정되었다. 만물의 영장인 인간이 코로나바이러스와 사투를 벌이고 있는 현실이다. 온 세계는 지금 코로나 감염 비상사태다. 지구촌 수많은 사람이 코로나바이러스 탓에 귀중한 생명을 잃어가고 있다. 현재까지는 치료제도 예방약도 없어 인간의 능력으로는 퇴치할 수 없기에 전능자의 은혜만을 기다릴 뿐이다. 코로나바이러스 공포를 느낄 필요는 없지만 조심은 해야 한다. 이 우주의 만물을 창조하신 주님께 정말 간절히 기도드리는 마음이다. "여호와여, 어느 때까지입니까? 하루빨리 코로나바이러스를 종식시켜 주시옵소서—"

　내 생애 처음으로 겪는 신종 코로나바이러스 전염병은 역사상으로 중세 유럽 인구의 3분의 1이 사망한 페스트균으로 인한 흑사병(Black death) 이래 두 번째 대유행 전염병이라 한다. 코로나바이러스는 2019년 끝자락에 중국 우한 야생동물 박쥐에서 처음으로 발생했다는 보고가 있어 중국 우한 역병이라고도 부르지만, 그 후에는 세계보건기구

(WHO)에서 신종 코로나바이러스로 부르기로 한 이름이다. 코로나바이러스는 현재로서는 의학계에서도 수많은 사람이 생명을 잃어가는데도 무기력하게 지켜볼 수밖에 없는 현실이다. 코로나바이러스는 호흡기 증상인 감기와 비슷하면서도 심한 경우엔 폐의 기능이 손상되어 호흡부전으로 생명을 잃는다. 발병하면 조용히 빠르게 전파되고 연결고리를 형성하게 되므로 위험하기 짝이 없다. 세계 각 나라에서는 저마다 코로나바이러스 비상대책을 내놓고 있는데, 한국인으로서 자랑스러운 것은 한국이 제일 잘하고 있다는 세계 평가가 있음이다.

코로나바이러스와 함께 떠오르는 단어들이 너무도 많다. 재앙, 마스크, 손소독, 확진자 접촉 금지, 사회적 거리 두기, 공공집합 철폐, 온라인 수업, 영상 예배, 재택근무, 인터넷 쇼핑, 자가격리, 코로나 우울증…… 아! 정말로 셀 수도 없는 많은 단어들이 가슴을 답답하게 한다. 인간은 사회적 동물이다. 상대방과 말로 표정으로 의사 표시를 하고 서로서로 몸을 부대끼면서 살아야 대화도 되고 정도 통한다. 그런데 코로나바이러스 전염병은 접속하면 발병률이 높으므로 가족까지도 조심해야 할 판이다. 아무리 난리가 나도 사람 접촉을 막지는 않았는데 코로나바이러스는 방역을 위한 대책으로 사람과 사람 사이에 거리를 두어야 한다. 인생의 마지막 배웅인 장례예식을 치르는데도 아홉 명까지만 허락하고 있는 실정이다. 인간이 살아가고 있는 일상적인 일들이 모두 제약되니 참으로 정신이 혼란스럽다. 누가 혹시라도 병균이 있는 사람을 만났는지 모르니 서로가 불신시대가 되고 있다. 몇 개월이 흘렀지만, 언제까지 이렇게 살아야 하는지 내일을 예측할 수가 없다. 처음에는 아시아와 유럽에서 사망자 수가 많았는데 현재는 세계 강대국이라 자부하는 미국이 9만 명이나 되면서 세계에서 제일 많단다. 신원이 확인 안 되는 시체는 무인도에 땅을 파고 묻는다는 참혹한 보도가 나와 경악을 금할 수가 없다. 언젠가는 깊은 상흔을 남기고 치유될 코로나바이러스지만 지금은 지구촌 사람들의 신체와 정서를 너무도 아프게 하고 있으니 어쩌랴.

코로나바이러스로 인해 사람들의 생활방식이 극적인 변화를 맞고 있다. 내가 사는 지역신문에는 "스테잉 엣 홈(Staying at home)!"을 선포하면서 사람들의 외출을 제한시키고 있다. 환자를 상대하는 근무지에서는 입구에서 여러 가지 질문에 답해야 하고 체온을 재는 등 몸 상태를 완전히 검진한 후 근무지에 들어간다. 병동에서도 마스크를 차고서 거리두기를 하면서 근무해야 하고, 환자는 가족 면회도 삼가고 있는 중이다. 환자들도 마스크를 차고 있는 의료진들을 항상 대해야 하니 참으로 불편하고 냉랭함을 느낀단다. 이때 할 일은 역전의 삶의 향기를 풍겨야 한다는 생각에서 내 마음이 머문다.

몸 건강을 위해서 공원을 산책하는 사람들도 마스크 착용을 하고 있다. 신선한 공기를 허파로 들이마셔 건강하기 위해서 산책을 하는데 마스크를 차고서 걷거나 뛰고 있으니 아이러니하다. 자연계의 이상으로 코로나바이러스 감염병이 돌고 있을 확률이 높다 하니 사람의 무지와 탐심 때문은 아닌지 깊이 반성해 본다. 새로 핀 오월의 여왕 장미꽃도 왠지 모르게 예쁘지도 않고 향기도 나지 않는 것 같아 인간인 나의 잘못인 양 바라보기가 민망스럽다. 이번 코로나바이러스 위기로 생명을 살려내는 의학계에 꿈과 희망을 품어본다. 하루빨리 치료제도 나오고 백신도 만들어져 천하보다도 귀한 한 인간의 생명을 구할 수 있으면 얼마나 좋으랴. 평범했던 일상생활이 얼마나 복된 삶이었나를 깊이 느끼게 한다. 자유롭게 생활하는 것이 큰 축복이고 얼마나 감사한 생활임을 다시 한번 절실히 느끼는 시간이다. 코로나바이러스 위기를 교훈 삼아 부족하고 연약한 인간임을 깨닫고 더욱더 겸손한 마음으로 숨 쉬는 순간까지 이웃들과 더불어 행복을 나누며 살아야 하리라.

어느 날 서글픈 사진 한 장이 내 눈에 띄었다. 종이로 만든 침대인데 코로나 환자 치료에 실패해서 환자가 생명을 잃으면 종이 침대를 그대로 접어서 관으로 사용한다는 것이다. 코로나 환자가 얼마나 사망률이 높으면 이런 기발한 아이디어를 만들어냈을까 하면서도 인간의 한 생명이 너무도 허무하다는 생각이 나를 무척 슬프게 한다. 언젠가는 흔적을 남기고 우리 곁을 떠나갈 코로나바이러스로 고통스러운 이 시간에 두 손 모아 창조주 하나님의 은혜를 사모하며 간절히 기도드린다.

"여호와여, 하루빨리 코로나바이러스를 종식해 불안에서 해소시켜 주시옵소서-"

아리랑 향기

 향기롭다. 코끝에 스미는 장미 향이 행복하게 한다. 상큼한 아침 바람에 스쳐오는 달콤한 향기는 뒤뜰에서 살포시 피어나는 빨간색 장미꽃에서 풍기는 향기다. 어떤 장미는 색깔은 화려하게 보여도 아무런 향이 없어 발길이 멈추지 않는다. 수많은 장미꽃이 있지만 나를 끌어당기는 한 그루의 빨간 장미는 소싯적 나를 행복하게 사랑으로 돌봐 주신, 얼굴에서 코티분 냄새가 나던 새언니 냄새를 풍긴다. 그 냄새를 나는 부지런하고 사랑과 행복을 품은 한국민의 특유한 아리랑 향기라고 말하고 싶다.
 아리랑 향기는 아름다운 산과 바다와 사계절이 뚜렷한 자연환경에서 살아온 한민족만이 품어내는 사랑과 행복이 듬뿍 스며 있는 사람 냄새다. 무궁한 앞날의 이 지구촌을 이끌어갈 차세대들이 품고 살아야 할 향기다. 아리랑 향기 품은 한민족이 이 세상에 많아질수록 모든 사람이 바라는 지상낙원이 이루어질 것이다. 수많은 종족이 모여 사는 미국에서 사람들의 발길이 끊이지 않는 곳은 반드시 기분을 상쾌하게 하는 아리랑 향기가 풍기는 곳이다. 아리랑 향기는 한민족만이 가질 수 있는 아름다운 향기다. 착하고 부지런하고 인정 많은 국민성을 지닌 한민족은 어디를 가든지 아리랑 향기를 풍긴다. 아리랑 향기를 품은 한민족은 모든 일에 감사할 줄 아는 민족성이 있다.

도움을 받은 나라에 감사할 줄 아는 아리랑 향기 품은 한민족은 마음뿐만 아니라 행동으로도 표출시킨다. 2022년 7월 27일. 한국전 전사자 4만 3,808명의 이름을 새긴 '미 한국전 전사자 추모의 벽'이 미국 워싱턴DC 한국전 참전용사 기념공원에서 준공식이 열렸다. 국가보훈처장이 추모의 벽에 헌화한 후 주요 내빈과 함께 묵념하는 모습에서 아리랑 향기가 풍겨 나왔다. 향기가 너무도 신비스럽고 사랑스러워 내 가슴 속에서 사라지지 않고 있다. 아리랑 향기는 4만 3,808명의 넋을 기리는 추모의 벽을 따라 추모의 못에서 흐르는 물줄기에서 영원히 퐁퐁 풍겨 나올 것이다.

아리랑 향기를 품은 한민족은 어느 곳에서나 아리랑 향기를 풍긴다. 건강식 음식으로 노래로 춤사위로 문학으로… 다양한 분야에서 긍지를 가지고 열심히 아리랑 향기를 품어내고 있다. 온 지역에서 아리랑 향기가 풍기니 내가 밟는 땅마다 당당하게 한민족의 긍지를 가지고 걸을 수 있어서 행복하다.

나는 한국에서 태평양을 건너와 아리랑 향기를 품고서 미주 한인 1세대로 살고 있다. 온몸과 정성을 다해 아리랑 향기를 풍기는 사람이 되려고 노력하지만 부족함만 느낄 뿐이다. 차세대들에게 꿈과 비전을 갖도록 뒷받침이 되어주지도 못하고 있어 마음만 안타까울 뿐이다. 아리랑 향기를 풍겨서 사람의 마음을 앗든지 아니면 사람들 속으로 들어가서 아리랑 향기를 풍기든지 해야 함을 안다. 국제화 시대에서 한민족이 발전해 나가려면 앞에서 끌어주고 뒤에서 밀어주며 한마음으로 꿈과 비전을 키워나가야 함을 알기에 기도의 끈을 놓지 않고 있다.

'아리랑' 어원설은 하도 많아 어떤 것이 정설인지는 아무도 모른다. 아리랑은 한국민의 정서가 스민 언어요 예술이요 사랑이어서 인류가 원하는 행복을 이루기에 가장 적합한 단어임이 틀림없다. 이 지구촌 사람들이 아리랑 향기에 취하여 흥겹고 즐겁게 인생살이 하기를 바라는 마음으로 한민족은 아리랑 향기를 힘껏 품어내야 하리라. 아리랑엔 나만이 아니라 우리라는 뜻이 담겨 있다. 우리 인류가 함께 행복하게 살아가기 위해서는 아리랑 향기를 풍기는 한민족이 싱싱하게 자라나야 하리라.

이 세상에는 장미꽃처럼 아름다운 미모를 가지고 사는 사람들이 많다. 그중에는 달콤한 향기를 내는 사람들도 있고 그렇지 않은 사람들도 있다. 모양만 예쁜 것이 아니라 기왕이면 달콤한 향기가 내 마음을 빼앗아 가듯이 사랑이 스민 아리랑 향기 품은 무궁화 꽃인 한민족이 되었으면 좋겠다. 아름다운 사계절이 있는 기후에서 자란 산천초목들과 연이어 피고 지는 무궁화 꽃을 보고 자란 한민족이기에 아리랑 향기가 은은하다. 한민족은 은근과 끈기로 오랜 세월 동안 축적해 온 아리랑 향기를 세계만방에 한없이 품어내고 있다. 한국민의 정체성을 갖고 광야에 뿌리를 내리면서 아리랑 향기가 끝없이 퍼져나가면 이 지구촌 사람들은 아리랑 행복 속에서 덩실덩실 춤을 출 것이다.

아리랑 향기는 한국민의 향기요 인류가 함께 즐길 수 있는 행복의 향기다. 아리랑 향기가 많이 이 지구촌에 풍길수록 사랑과 행복이 넘침을 알기에 지구촌 사람들은 아리랑 노래를 모두들 흥겹게 부른다.

　아리랑 아리랑~ 아라리요~

　한민족의 흥겨운 노랫가락 속에 스민 아리랑 향기가 온 누리에 퍼져 나가고 있다.

강제징용을 벚꽃은 알고 있다

벚꽃은 한국어, 사쿠라는 일본어다. 같은 아름다운 꽃일 뿐인데 나는 이상하게도 부르는 어휘에 따라서 사람의 마음을 보듯이 특이하게 이중성(二重星)의 이미지(Image)를 본다. '벚꽃'이라 부르면 화사한 얼굴로 환호하며 봄바람에 휘날리는 연분홍 꽃들을 맞는 조선인들이 떠오르고, '사쿠라'라 부르면 봄비에 떨어진 풋풋하고 가냘픈 연분홍 꽃들을 사정없이 군화로 짓밟으며 행진하는 일본군들이 떠오른다. 아마도 일본이 벚꽃을 국화로 정한 이유가 한꺼번에 피었다가 한꺼번에 떨어지는 침략적 군인정신을 반영했다는 이야기를 들었기 때문인지도 모르겠다. 일제 강점기 시대에는 그 군인들 속에 강제징용을 당해 일본군으로 행세한 우리네 아버지들도 계셨다고 역사는 기록되어 있지 않은가. 그 억울하고 분통 터지는 강제징용, 참혹한 굴욕의 36년 식민지 시절을 해마다 봄이면 피고 지는 벚꽃은 알고 있다.

일본이 침략 정책으로 선량한 조선인들을 마구잡이로 잡아다가 일본 기업이나 군인들이나 어디든지 노동을 착취한 강제징용을 당했던 아버지들의 억울함을, 대법원에서 고령인 이춘식 어르신이 생생하게 증언하시지 않았는가. 강제징용을 당해 의용군에 끌려가지 않으려고 남자들이 자기의 성성한 검지를 작두로 잘랐다는 얘기를 나는 직접 들었다. 작두에 잘려나간 손가락이 검붉은 피를 흘리면서 튀어 나가는 모습을 바라본 우리 아버지들의 마음을 상상만 해도 얼마나 억울한 삶을 살아야 했는지 우리 후세들은 알 수 있지 않은가. 일본은 일제 강점기에 침략주의 정책으로 강제로 끌려가 여러 곳에서 임금도 제대로 받지 못하고 일했던 노동자들을 부정하며, 이들에게 배상하라는 한국 대법원의 판결이 잘못됐다고 오히려 적반하장(賊反荷杖)의 태도로 '경제 보복'을 취하고 있는 국민의 분노를 일으키고 있다.

일본 아베 신조 정권은 잘못된 판단과 행동으로 서로 돕고 이끌어 주며 아름답게 살아가야 할 국제사회에서 고립될 행동을 취하고 있다. 일본은 피해국에 대한 사죄와 배상은커녕, 오기(傲氣)와 야비한 판단으로 전쟁을 일으켜 영웅이 된 신들, 야스쿠니신사(靖國神社)에 참배하는 행위를 환멸을 느낄 정도로 하고 있다. 일본 나라 속에서도 아키히토 일왕은 고개를 깊이 숙여 일제 강점기에 희생당한 모든 사람에게 깊이 사과하고 있다. 한 나라 안에서도 뻣뻣하게 굳은 교만한 표정과 상냥한 표정의 이중성을 볼 수 있다.

나는 화창한 봄날에 흥에 겨워 장구를 어깨에 메고서 벚꽃놀이 가시던 우리네 어머니들한테서 들은 이야기를 잊지 못한다. "왜놈들은 강짜가 심해 벚꽃은 자기 나라 꽃이라고 조선인들은 벚꽃놀이도 못 하게 했지—". 이 비참한 소리를 내 귀가 똑똑히 기억하고 있어서인지 나는 활짝 핀 벚꽃들을 보면 뿌연 안개로 보일 때도 있다.

우리에게 일본은 '가깝고도 먼 나라, 멀고도 가까운 나라'다. 나에게도 벚꽃으로 한창인 일본 땅을 밟을 기회가 있었다. 떨어져 있는 벚꽃들이 일본 오사카 길거리에 즐비할 시기였다. 우산을 받쳐 들고서 길을 걷는 내 발길에 분홍색 예쁜 벚꽃이 자꾸만 밟혔다. 예쁜 꽃들이 내 발길에 치여 초라하게 으깨지는 게 싫어서 가능하면 꽃을 피해서 걷지만 내 발길 뿐이랴. 무심히 걷는 수많은 사람의 발길에 추적추적 내리는 봄비와 함께 수두룩하게 땅에 떨어진 벚꽃은 사정없이 짓밟혀지고 있었다.

　일본 교토시(市)를 흐르는 가모가와(鴨川) 강둑에도 벚꽃들이 떨어지고 있어 정서적으로 감정이 묘해지면서 많은 생각에 잠기게 했다. 일본에서는 상당히 큰 강 중의 하나라지만, 한국에서는 시골에 있는 큰 시냇물 정도밖엔 안 되어 보였다. 자연스럽게 나는 서울에 풍성히 흐르고 있는 기적을 일으킨 한강이 떠오르면서 가슴이 뿌듯해졌다. 일본 건축물들은 우중충한 색으로 촘촘하게 지어진 건물들이 많아 별 특징이 없어 보였다. 나는 평화와 번영을 외치며 경제 강대국으로 발돋움하면서 자연과 호흡하는 한국미가 떠오르며 가슴이 흐뭇해졌다. 일본은 어느 나라보다도 천연 재해를 많이 받는 섬나라다. 예측 불허를 감당해야 하는 물 위에 떠 있는 나라다. 세계 우방국들에서 멀어지고 험한 광풍을 맞아 세계에서 고립된 섬나라로 남을 것인가 아니면 지형적으로 제일 가까운 한국과 손을 잡고서 살아남을 것인가 지금 선택해야 할 일이다.

　우리가 사는 세계는 하나다. 아름답고 평화로운 세계를 이루어 가기 위해서는 한일관계가 다시는 악화되어서는 안 된다. 일본은 부당한 경제 보복을 철회하고 한국과 서로 사랑하며 돌보는 우방국이 되어야 한다. 자연 속에서 해마다 피고 지는 벚꽃은 진실한 역사를 알고 있다. 일본은 침략주의 정책으로 조선인들에게 강제징용을 시켜 노동을 착취하고도 충분한 배상을 해주지 않은 진실을 말이다. 일본은 하루빨리 강제징용을 당해 억울한 삶을 살았던 생존해 계시는 몇 분의 어르신들에라도 코가 땅에 닿도록 고개를 숙여 사죄하고 한국 대법원 판결에 따라 충분히 배상하여 이 땅에 살아 계시는 동안에 한(恨)을 풀어 드리는 일이다. 과거사를 부정하는 망언을 하면 검붉은 핏물을 흥건히 흘리면서 작두로 잘려나간 손가락들의 원혼(寃魂)들이 날카로운 비수가 되어 그 입구멍을 콱! 찔러 숨통을 막아 버릴 수도 있을 테니까.

새로운 봄이 되면 누구나 즐겨야 할 자연마저도 조선인들은 즐길 수 없도록 핍박당했던 일제 강점기 시절에 피었던 벚꽃이 또다시 피어날 것이다. 벚꽃을 즐기는 사람들이 기쁘고 행복한 마음으로 벚꽃을 맞이하려면, 일본 아베 정부는 억울한 삶을 산 강제징용 희생자들에게 공식적으로 진심 어린 사죄를 하고 배상해야 한다. 자연은 진실이다. 일제 강점기 시대에도 지금 이 시대에도 자연에서 침묵으로 피고 지는 벚꽃은 강제징용을 알고 있다.

아리랑 꽃송이

아리랑 꽃송이 피우고 싶은 꿈이 있다오. 한민족의 얼을 품고 은은한 향기를 내는 순박하고 아름다운 아리랑 꽃송이를 말이죠. 지구촌 곳곳에서 디아스포라로 살고 있는 사람들은 고귀한 삶의 올바른 가치관을 가지고 새로운 땅에 정성껏 아리랑 꽃씨를 뿌리고 키운답니다. 참신한 비전으로 의식주(衣食住)뿐만 아니라 문화와 정서가 다른 외롭고 메마른 이민 1세의 터전에서 말이죠. 언젠가는 한민족 이민 1세들이 뿌린 씨앗이 힘찬 뿌리를 내려 눈부신 아리랑 꽃송이 기적적으로 피워낼 겁니다. 고향과 타향의 의식주와 문화와 정서가 합쳐 만들어진 새로운 희망 나라에서요.

새로운 희망 나라에서 사랑스러운 후세들이 아리랑 꽃송이로 피어날 때 저희들은 말하렵니다. 민족과 후손들 앞에 부끄럽지 않도록 한민족의 기상(氣象) 품고 눈물겹도록 열심히 살았노라고. 꽃씨는 햇빛과 물과 공기와 바람 그리고 좋은 흙 속에서 싹이 잘 틔워져 자라야 탐스러운 꽃송이를 피우죠. 그런데--- 아리랑 꽃송이는 새로운 희망을 품고 외롭고 척박한 땅에서 피눈물로 피우는 꽃이기에 더 진한 향기를 품고 있죠. 지구촌 곳곳에 있는 이민 1세는 소망의 내일을 꿈꾸며 고국에서 품고 온 아리랑 꽃씨를 현지에 뿌려 성실히 키우고 있습니다. 언젠가는 희망 나라에서 눈부시게 아름다운 아리랑 꽃송이 영원무궁토록 피어날 그날을 꿈꾸면서요.

 의복은 그 나라의 문화를 아주 잘 표현해주죠. 한복은 참 아름다워요. 한복을 입고 꽹과리, 징, 장구, 북을 치면서 사물놀이를 한다거나 윷놀이를 하는 모습은 한인들이 아니면 연출할 수 없는 아름다운 모습이죠. 원더풀, 코리아~ 현지인들의 함성은 한복 옷자락을 더욱더 바람에 휘날리게 하지요.

 음식은 한민족의 사랑을 담아 정성스럽게 만든 한식으로 지구촌 사람들과 나누어 먹으면서 서로서로 정을 쌓아가죠. 한식은 현지인들의 입맛을 돋우는 김치, 불고기…… 비빔밥으로 감동 어린 칭찬을 받으면서 세계인의 음식으로 거듭나고 있답니다. 딜리~시어~스! 맛있는 건강 지킴이 한식은 현지인들의 가슴 속에 아리랑 꽃씨를 키우는 아주 풍성한 자양분이랍니다.

 주택은 아리랑 꽃송이 피우는 목마름으로 과일나무와 꽃들을 많이 심으면 한민족의 향취가 풍기죠. 살구꽃 복숭아꽃 봉숭아…… 정원 가득히 심고 가꾸면 고국의 아름다운 삶의 문화를 현지에 심을 수 있다오. 나무에 사랑을 부어 넣으며 함께 호흡하고 지내기에 숨소리까지 스민 나무의 나이테가 신비스럽게 형성되어 간답니다. 뷰티풀~ 현지인들의 가슴에 한민족의 정서를 바람결에 전달시키면서 희망 나라를 넓혀 가는 거죠.

 다문화 속에서 새로운 희망 나라 역사(歷史)를 이루어 가고 있는 한민족 속에서 피어나는 아리랑 꽃송이. 이 세상에서 참으로 신비스럽고 고귀한 향내를 내는 아리랑 꽃송이를 피우기 위해 세계 각처에서 이민 1세들은 뼈가 부서지도록 노력하면서 아등바등 살아가고 있다오. 고국과 타국을 융합한 의식주 그리고 문화와 정서 속에서 이뤄지고 있는 새로운 세계는 꿈이 많은 아름다운 희망 나라죠. 이 새로운 세계는 색다른 지구촌 곳곳에서 사는 이민 1세들의 노력으로 꿈꾸며 이루어내는 새롭고 아름다운 희망 나라랍니다.

 한인들의 문화와 정서는 정(情)을 근본으로 하지요. 각양각색의 생활 풍습으로 살아가는 주위 사람들에게 사랑을 많이 주고 사는 한민족이기에 친근감이 넘쳐나죠. 생김새나 언어가 다른 것뿐만 아니라 의식주와 정서가 다른 재외동포라는 외롭고 메마른 땅에 이민 1세들이 아리랑 꽃씨를 뿌리고 가꾸는 일은 많은 인내가 필요해요. 언젠가는 아리랑 꽃씨가 눈물 속에서 싹을 틔워 자라나 비바람 눈보라 폭풍우 속에서 가지가 꺾어지고 이파리가 찢겨 나가도 꽃대를 곧게 세워 눈부신 아리랑 꽃송이를 피워 낼 겁니다. 어딘가에서는 이미 꽃눈을 틔워 강한 생명력으로 자란 꽃대궁 속에서 싱싱한 꽃망울을 터트리려 용트림한다잖아요.

 거칠고 황량한 삶의 터전에서 가슴을 움츠리며 아픈 사연들을 보듬고 있어도 서로서로 위로하며 살아가니 괜찮아요. 그래도 힘들면 물안개 자욱한 바닷가에 서서 바람결에 들려오는 그리운 고향 사람들의 사랑스러운 목소리를 들으면 힘이 되살아나지요. 어떤 꽃나무들은 답답함과 억울함을 인내함으로 영적 성숙을 이루어내며 보낸 수많은 세월 속에서 참으로 고귀한 고목 같은 꽃나무의 나이테가 형성되어 있답니다. 희망 나라에서 오랜 세월 동안 희로애락의 색깔로 아리랑 꽃대궁를 올려 오면서 생긴 나이테죠. 혹독한 겨울처럼 추운 시절이 지나고 따뜻한 봄날 같은 시절이 오면, 나이테를 이룬 아리랑 꽃나무에서 아름다운 아리랑 꽃송이 아주 많이 피어나 이 세상을 참으로 아름답게 할 겁니다.

아리랑 꽃송이 피워내기 위해 온갖 고생을 하는 이민 1세들이 안쓰럽지도 않은지 세월은 자꾸만 등을 떠밀어 대니 허리랑 뼈 마디마디가 쏙쏙 거리며 아픕니다. 모든 것들을 사랑하며 바람결에 흔들리면서 꽃대를 세우기 위해 참아 온 인내가 뼛속을 녹여내 숭숭하게 구멍이 뚫어지고 있기 때문이죠. 수많은 것들이 다른 다문화 속에서 새롭게 형성된 희망 나라에서 아리랑 꽃송이 여기저기서 피어나 이 세상을 아름답게 할 때를 생각하면 행복해지네요. 신비스러운 향기로움 품고 아리랑 꽃송이들이 지구촌 곳곳에 있는 희망 나라에서 피어날 꿈을 이루기 위해 몸과 영혼으로 온 정성을 다했던 한 세월.

이민 1세의 한 사람인 나는 행복한 영혼을 가진 맑은 이슬방울 되어 희망 나라에 내려앉을 꿈을 꾸네요. 어느 날, 아! 참으로 눈부시게 아름다운 아리랑 꽃송이 위로.

· 제4부 ·

빈손

흙이 좋아

　흙이 좋다. 그래서인지 나는 항상 흙과 함께하면 행복을 느낀다. 보송보송한 흙을 손으로 만지거나 흙 위를 걸으면 마음이 차분해지고 평화로워진다. 차멀미나 뱃멀미를 심하게 해 속이 울렁거리고 토할 때도 차에서 내려 땅의 기운을 받으면 신기하게도 멀미가 사라지고 기분이 좋아진다. 나는 성경 말씀대로 흙으로 빚어졌기 때문일 것이다. 흙은 모든 것을 마다하지 않고 포용(包容)해 주는 자연 치료제이고 생명을 살리는 신비한 힘을 가지고 있다. 나는 흙이 좋아 흙처럼 살다가 한 줌의 흙이 되어 내 본향으로 되돌아가는 소망을 품고 살고 있다.
　흙은 이 지구가 크게 하늘과 땅으로 이루어졌다면 지구의 표면을 이루는 땅이라 말할 수 있겠다. 하늘은 공기요, 땅은 부드러운 흙이 아니겠는가. 하늘은 계속해서 움직이는 공기가 있어 불안정하다면 땅은 흙이 있어 굳건하게 설 수 있어 안정감이 든다. 흙은 이 세상 모든 것들을 품을 수 있는 신비한 능력이 있다. 흙은 아무리 더러운 불순물도 보송보송한 새로운 흙으로 변화시켜 새 생명을 키우는 밑거름이 된다. 모든 것들을 품어 새롭게 사랑을 품어내는 흙. 나도 한 알맹이 흙처럼 지구를 살리는 아름다운 귀중한 한 사람이 되기를 꿈꾸어본다.

무엇이 주로 흙의 구성을 이루느냐에 따라서 종류도 다르다. 크기나 성분에 따라서 모래흙 황토 진흙 등 이름이 붙기도 한다. 흙은 암석이나 동식물의 유해가 오랜 기간 침식과 풍화를 거쳐 생성된 자연성분이 많지만, 화학성분도 많다. 지구에서 중력을 느낄 수 없는 영혼이나 가스나 전기 등은 하늘에 있지만 그렇지 않은 대부분의 것들은 결국 흙으로 돌아간다. 내 세포의 근원은 흙. 그러기에 나는 흙을 만지면 가슴이 포근해지고 안정감이 드나 보다. 나는 보잘것없는 한 미립자의 흙 알갱이에 불과하지만 참으로 귀한 존재임을 깨닫는다. 한 알갱이의 흙이 없으면 이 대지도 굳건히 형성될 수 없을 터이니 말이다.

흙은 사람이 살아갈 수 있는 땅이다. 그런데도 이 땅 위에서 살지 못하고 사는 사람들이 있다. 수상가옥에서 사는 사람들이다. 가장 큰 소원이 있다면 흙을 밟으면서 땅 위에서 사는 날이 오기를 바람이 아닐까 싶다. 고국에서 먼 나라 이민생활을 하면서 외로울 때는 흙에서 자란 내 마음이 그리워 동쪽 하늘을 바라보며 서성인다. 고향의 흙은 내가 살아온 삶의 향기를 품고 있기 때문일 것이다. 이 세상에는 흙을 그리워하는 사람들이 너무도 많다. 이 세상에 평화가 와서 온 우주 사람들이 그리워하는 흙을 보듬고 춤추는 모습이 눈앞에서 아른거린다.

내가 태어난 고장 후벼진 곳에 붉은 색깔의 황토가 산비탈에 있었다. 토굴처럼 생겨 바람이 불고 추운 날에도 황토벽에 기대고 있으면 편안하고 따뜻했던 기억이 난다. 점촌이라는 곳에서 옹기그릇 만드는 재료로 사용하기 위해 흙을 파 간다는 소리를 들었다. 한국전쟁 때 사람들이 방공호로 사용하면서 살기 위해 먹기도 했다는 흙이다. 지금도 어느 전쟁터에서 어린이들이 흙을 먹는 사진을 보았다. 굶주린 사람들이 황토로 쿠키를 만들어 먹는 모습도 보았다. 황토는 그만큼 사람과 친밀하다. 아무것도 안 먹는 것보다는 흙이라도 먹어 장운동을 시키면 세포의 활동이 멈추지 않기에 생명이 유지되나 보다. 흙은 생명을 살리는 꿈을 품고 있음이다.

농촌에서 자란 나는 흙 속에서 자란 식물은 모두 먹거리라 생각한다. 마을 사내아이들이 산에서 칡뿌리를 캐어 오면 즐거운 간식이 되었고, 여린 소나무 껍질을 벗겨 다듬어 주면 배고픔이 사라졌던 추억이 떠오른다. 양식이 부족할 때 초근목피(草根木皮)를 음식으로 먹으며 목숨을 연명해야 했던 슬픈 시절을 노래한 '보릿고개'라는 트로트를 요즈음 젊은이들은 별생각 없이 부른다. 한 번쯤 땅이 주는 소산물이 얼마나 귀중한 것인가를 생각하면 삶에 대한 가치관이 달라질 수도 있을 거라는 생각을 해본다. 땅이라 부르기도 하는 흙에서 나는 모든 소산물은 생명을 유지시키는 없어서는 안 될 육신의 양식이 되는 것 같다.

성경에는 분명히 사람은 흙으로 빚어졌고 이 세상에서 잠시 살다가 본향으로 돌아간다고 기록되어 있다. 영혼이야 하늘나라로 가지만 육체의 영원한 안식처는 흙이다. 어느 누구라도 사람이 죽으면 마지막으론 흙으로 돌아간다는 사실을 안다. 봉분을 만들어 땅에 묻든 화장을 하든 수장을 해도 결국은 흙에 섞이게 됨이다. 흙은 이 세상 모든 물질을 한없이 포용한다. 나도 흙처럼 모든 사람을 사랑으로 포용하면서 살다가 육신의 안식처인 흙으로 갈 수 있으면 좋겠다.

흙은 사람 발아래 있지 사람 위에 있지 않다. 언제나 모든 사람에게 겸손하게 살라는 뜻이 있지 않을까 싶다. 흙이 땅에 머물지 않고 가벼운 먼지가 되거나 바람에 불려 공중에 뜨게 되면 사람에게 해를 끼치게 된다. 이렇듯 사람이 살아가는 공동체도 마찬가지라는 생각이 든다. 자기만 잘났다고 혼자서 높은 공중으로 떠다니는 사람은 남을 해칠 위험이 많다. 흙은 한 알갱이 소립자로 서로 어우러져 대지를 만들어 사람 발아래 자기 자리를 굳게 지켜야 이 세상 사람을 살릴 수 있다. 사람들의 발아래 존재하는 흙. 흙처럼 겸손한 자리에서 곁에 있는 사람들과 조화를 이루면서 남들에게 도움을 줄 수 있는 사람이면 얼마나 좋겠는가.

오늘도 나는 흙이 좋아 흙과 함께 살고 있다. 영원한 내 육신의 안식처임을 자각이라도 하는 듯이 말이다. 회귀의 본능이 내 세포에서 꿈틀거릴 땐 나는 흙이 더욱더 친밀감이 든다. 흙으로 빚어진 내 존재는 아주 작지만 참으로 귀한 창조주의 작품이라는 생각이 나를 행복하게 한다. 나는 흙이 좋아 흙처럼 살다가 흙이 되는 것이 내 인생의 꿈이다.

바람은 알까

 내 마음을 바람은 알까. 사시사철 나를 스쳐 가는 바람은 알고 있지 않을까. 코를 통해 폐부로 들어와 심장을 거쳐 내 몸을 휘젓고 다니는 바람은 켜켜이 쌓인 억눌림까지 알고 있지 않을까. 흉금을 터놓고 얘기할 사람도 없어 한없이 외로워 남몰래 울고 싶은 내 마음을 바람은 알까.
 세월 속에서 익어 나도 이제는 황혼의 너울을 쓰고 있다. 포동포동한 살결이 하얀 두부 같다고 '풍년두부'라는 별명도 유년 시절에는 가졌던 나. 지금은 수많은 검버섯에 주름살투성이가 된 얼굴을 거울 앞에서 본다. 나 자신이 바라보아도 믿기지 않을 정도로 젊음의 풋풋한 향기나 아름다움은 사라져 버리고 많이 늙었다. 세월 따라 정서도 변하여 가는지 요즈음은 표현하지 못하고 참아온 삶의 무게만큼 나는 외로움을 느낀다.
 "인간은 생각하는 갈대"라는 명언은 프랑스의 유명한 과학자이며 종교철학자였던 파스칼의 《팡세》라는 책 속에서 한 말이다. 인간은 참으로 나약한 존재지만 생각하는 힘으로는 이 세상 모든 만물을 모두 포괄할 수도 있다는 뜻이 아니겠는가. 여기에 더하여 "해야 할 일을 하고 있는가!"라는 명언은 나 자신을 돌아보게 한다. 신에게서 허락받은 제한된 시간 속에서 내 인생살이를 아름답게 만들려면 나 자신이 얼마만큼 노력해야 하는 걸까. 나는 평생토록 신앙생활을 하는 것 같지만 속으로는 내가 하고 싶은 대로 할 수 없는 억눌림이 차곡차곡 내 가슴속에 쌓여가고 있음을 안다. 이것은 곧 욕심일 뿐이지만 말이다.

젊은 날, 나에게도 꿈이 있었지만 이룰 수 없는 꿈은 나를 슬프게 했다. 미약한 나의 형편 때문에 숨죽인 채 있었지만, 나의 마음은 참으로 아픈 때도 있었다. 냉혹한 현실 앞에서 강한 자존감으로 자신을 스스로 지키며 마음을 추슬렀던 기억들을 바람은 알까. 말 못 할 사연을 가슴에 안고 내 마음을 스스로 달래며 참았던 일을 생각하면, 어떤 삶이든 인생은 외롭고도 슬프고 또한 고통을 피할 수 없는 것 같다. 아름답게 살고 싶지만 슬픔과 상처의 진액이 모여 인생살이의 옹이로 남아있음을 바람은 알까.

나는 이 세상에서 나를 낳아 주시고 길러주신 우리 아버지 어머니보다 더 훌륭하고 아름답다고 생각해본 사람이 아직까지는 없다. 그래서인지 미약한 나의 형편에 걸맞지 않은 사람들이 내 주위를 탐색하면서 나를 평가하는 느낌을 받을 때도 나는 농사꾼인 우리 부모님을 자랑으로 생각한다. 우리 부모로부터 배운 사랑 방법은 인내로 진실한 사랑을 실천하는 모습이다. 진심으로 정성을 다해서 남을 섬길 때 마음속에서 우러나오는 기쁨은 참으로 크다. 나는 무엇과도 바꿀 수 없는 부모님이 보여주신 사랑을 후세에게 보여주지 못해 안타까워하는 마음을 바람은 알까.

나는 가끔 이현령 비현령(耳縣鈴 鼻縣鈴), 귀에 걸면 귀걸이 코에 걸면 코걸이라는 한자어가 생각날 때가 있다. 누군가 그럴싸하게 자기 행동을 이롭게 포장하는 모습을 보면서 말로 표현할 수 없는 내 마음을 달랠 때 생각하는 단어다. 아무리 화가 나는 일이 있어도 세 번을 잘 참아내면 모든 일이 순조롭게 풀린다는 우리 어머님의 말씀을 실천하면서 살은 인생 한 자락의 무늬다. 시간이 지나면 아무리 기분 나빴던 일들도 웃음으로 되돌아오기도 한다. 세상은 변하지 않는다. 자기가 바뀌어야 세상이 변한다는 사실을 알면서도 괴로워하고 답답해하는 나의 마음을 바람은 알까.

외롭고 공허하고 허허로울 때 나는 바람을 찾는다. 너무 가슴이 아플 땐 피를 토해내며 바람결에 내 마음을 묻고 울어 버린다. 내 길을 인도해 주시겠다고 약속해 주신 주님도 간곡한 내 소원에 무반응을 보이실 때, 바람은 내 마음을 알고 있다고 위로해 주는 것 같다. 우주의 모든 만물도 제 나름대로 외로움을 달래고 있지 않나 생각해 본다. 가끔은 바람도 외로워 우~우~우 소리를 내며 나를 찾아오지 않았을까 하는 생각이 든다. 생각하는 갈대로 외롭게 흔들리다가 아름다운 이 세상을 하직하는 게 인간인가 보다.

나는 재미동포로 오랫동안 살아오면서 다인종과 직장생활을 해오고 있다. 때론 다문화 사회에 살면서 문화 차이로 오해도 받을 수 있고 억울한 일을 당할 때도 있다. 한민족인 나는 일터에서 대부분 혼자서 많은 다른 민족 사이에서 견뎌내야 하는 처지에 봉착한다. 미주 이민 직장생활을 하면서 팔은 안으로 굽지 절대로 밖으로 굽지 않는다는 사실을 뼈저리게 느낀다. 이럴 땐 전능자의 힘을 믿고 작은 돌멩이로 거대한 골리앗과 싸워 이긴 성경에 나오는 인물 다윗을 생각하곤 한다. 삶의 현장에서 누구와 상의할 사람이 없어 외로워하는 내 마음을 바람은 알까.

조마조마하면서 때론 코피가 쏟아지도록 힘들게 살았던 기억을 되살리면 그래도 조금씩 나아지는 생활에 위로를 삼고 산다. 살면서 명예나 물질 등을 멀리하고 싶지만 그렇지 못하는 게 인생살이라는 생각이 든다. 인간의 사회구조가 그렇게 구성되었기 때문이다. 조금 더 순수하고 진실하게 살고 싶은 삶의 몸부림으로 자신의 위치를 위로하면서 살아가는 방법이 현명하지 않겠나 싶다. 아름다운 생각들을 끌어모아서 항상 행복하게 살려고 노력하며 누군가의 앞에서 미소를 보여도 속마음은 참으로 쓸쓸함을 바람은 알까.

이 세상 순례의 길을 마치고 죽음의 문턱을 넘을 때, "내 영혼을 아버지 손에 부탁하나이다."라고 고백할 수 있기를 소원하면서 남은 인생을 향기롭게 살고 싶다. 생각하는 갈대로 한평생을 살아오면서 그리고 있는 나의 인생의 그림은 특색도 없고 아름다운 무늬도 없다. 그래도 나름대로 신 앞에 겸손한 마음으로 열심히 살면서 그려 온 인생 작품 위에 남은 시간 정성을 다하고 싶은 내 마음을 평생토록 나를 스치고 있는 바람은 알까.

인내

이 단어다. 인내(忍耐).

나의 생애를 지금까지 이끌어 온 단어다. 어렸을 때부터 이 시간까지 나를 지탱해 준 든든한 버팀목이다. 장 자크 루소가 말한 "인내는 쓰나 그 열매는 달다(Patience is bitter, but its fruit is sweet)."라는 문장은 내 뇌리에 박혀 있을 정도다. 내 일상생활에서, 직장생활에서, 신앙생활에서 나를 다스리는 생활도구로 쓰이고 있는 단어다. 내 일생을 한 마디로 표현하면 아마 모든 일을 참고 견딘다는 '인내'라는 단어일 것이다.

'인내'라는 단어는 소싯적 내가 생활하던 공간에서 자주 볼 수 있었던 단어다. 허름한 책상 앞에서, 이발소나 동네 구멍가게에서도 흔히 눈에 띄던 글자다. 국가적으로는 한국전쟁 이후로 격변의 시대를 보냈다. 춥고 배고픈 '보릿고개' 시절도 인내로 이겨냈고, 5·16 군사 정변, 4·19 학생운동 등 수많은 어려운 시기도 인내로 이겨냈다. 이 단어는 개인적으로나 공공적으로 배움의 터인 학교에서도 자주 쓰였다. 힘겨운 현실을 견디면 앞날에는 기쁨과 행복이 온다는 희망의 단어다. 일상생활에서 직장생활에서 무엇보다도 신앙적인 삶에서 가장 중요하지 않나 싶다.

나의 기독신앙 생활은 한국전쟁과 휴전협정이 있었던 후 미국 선교사들이 활발히 활동하던 시기였다. 초등학교를 그 시절에는 국민학교라 불렀는데 그전에 한글이나 애국가를 배우던 공민학교 시절부터라고 말할 수 있겠다. 누군가에게서 예배당에 나가 예수님을 믿으면 구원을 받고 천당 간다는 복음의 소리를 들은 것이다. 나는 시골에서 어쩔 수 없이 다른 종교기관에서 세운 중학교에 다녔지만 내 신앙을 인내로 지켜냈다. 그 후로 미션스쿨에서 여고 시절을 보내면서 어떤 삶을 살더라도 하나님을 믿고 살면 행복한 사람이라는 생각이 굳었다. 미래에는 행복이 올 거라는 마음을 갖게 하는 '인내'라는 단어가 언제나 내 주위에서 살아 움직이고 있었기 때문일 것이다.

미국에 이민 와서 초기 이민생활을 사랑 많은 교회에서 보내고는 이사하게 되었다. 지금 다니고 있는 교회는 1980년부터 42년 넘게 섬기고 있다. 나의 부족한 믿음 때문에 특성 있는 사람들이 모이는 이민 교회생활에 대한 실망이 클 때도 있었지만, 인내로 이겨냈다. 사랑을 강조하면서도 서로 진정한 사랑을 못 하고 성도들 사이에 분란이 일어나 성도들이 많이 떠나가 버린 썰렁한 자리를 지키며 눈물로 기도한 적이 한두 번이 아니다. 그래도 변치 않고 한 자리를 지켜온 믿음을 하나님께서 어여삐 보시지 않았나 싶다. 권사 직분을 주신 날, 감사 인사말을 결혼함 속에 들었던 비취색 한복을 입고 스마트폰에 글을 저장해 읽었다. 읽어 가면서 인내로 견뎌온 신앙생활에 순간적으로 가슴이 아파 눈앞이 흐려졌다.

권사 취임식을 맞으며

주후 2022년 5월 29일 꽃이 피네요. 몬터레이 중앙 장로교회에 권사라는 꽃이 피네요. 하나님께서 정순옥 권사, 임경옥 권사, 안병각 권사라는 이름으로 세 송이의 여린 꽃을 피워 주셨네요. 은혜의 하나님께 영광 올려 드리고 우리들은 기쁨을 누리라 하네요. 이 꽃들은 긴 세월 인고의 용틀임으로 꽃대를 세우시고 권사라는 이름의 꽃을 피워 주신 거지요. 참으로 값진 하나님의 선물이기에 조심스러운 마음으로 감사히 받네요.

권사라는 꽃의 향기를 미소로 이웃 사랑으로 여러 가지 방법으로 풍겨야 함을 아네요. 우리는 구원 받은 십자가의 은혜를 기억하며 땅 끝까지 전해야 할 복음 전파에 온 정성을 쏟아야 함을 아네요. 위로는 하나님을 굳게 믿으며 옆으로는 성도들과의 교제를 십자가의 사랑으로 나누며 살아야 하네요. 언제나 부활 신앙을 가슴에 품고 날마다 예수님과 동행하는 삶을 살아 하나님 앞에 섰을 때 부끄럼 없는 신앙 생활에 모범을 보이는 권사가 되어야 하겠네요. 믿음 사랑 소망을 품고 하나님 나라를 확장해 나가는 선교에 성도들과 함께 몬터레이 중앙 장로교회의 권사로서 책임을 다해야 할 것을 믿네요.

예수님의 본을 받아 겸손과 온유로 교회의 성도들을 섬기고, 기도의 무릎을 더욱 굳건히 세우며, 따뜻한 손길을 펼치는 권사가 되기를 다짐해야 하겠네요. 아름답게 새로 피어난 권사들 눈물의 기도와 헌신이 성령님의 인도하심에 따라 교회를 굳건히 세워가는 데 일조하기를 소망하네요. "네가 죽도록 충성하라 그리하면 내가 생명의 면류관을 네게 주리라."고 하신 성경 말씀을 가슴에 품고 헌신과 봉사로 권사의

> 직분을 허락해주신 생명의 하나님께 무한한 영광을 올려 드리며 아름다운 임직식으로 환영해주시는 성도님들께 진심으로 감사드립니다.
>
> 권사 대표 정순옥

힘들고 슬픈 시절이 행복한 시간보다 더 많았지만 많은 세월들이 이젠 그리운 시절이 되고 있다. 평생토록 서민으로 살아온 내 인생살이가, 간호 전문직으로 살아온 내 직업이, 기독교인으로 살아온 내 신앙생활이 모두 '인내'라는 단어가 지탱해 주고 있음을 안다.

다시 한 번 되뇌어 본다. "인내는 쓰나 그 열매는 달다." 행복하게 살고 싶은 남은 인생살이도 모든 일에 참고 견디는 '인내'가 필요하리라. 무엇보다도 영원한 천국을 소망하는 신앙생활에선 더욱더 그리해야 하리라 싶다.

새싹

생명의 기운이다. 새싹을 보고 있으면 생명의 기운을 느낀다. 신비롭고 신선한 아름다움을 넘어 경이롭기까지 하다. 창조주의 위대하심을 찬양하며 연둣빛 여린 새싹이 돋아나는 꽃과 풀과 나무를 보고 있으니 문득 나의 가슴에서도 새싹이 돋아나고 있음을 느낀다. 대부분의 새싹들은 봄에 돋아나는데 겨울이라고 불리는 은퇴 후의 나의 가슴에서도 새싹이 돋아남을 느끼니 행복한 생각이 든다. 나는 새로운 꿈과 비전을 품고서 돋아나는 연둣빛 새싹들과 살고 있다.

식물과 나무들이 온 힘을 다하여 틔운 여린 새싹에서 생명의 기운을 느낀다. 이 세상에는 씨에서 발아된 새싹도 있지만 잘린 통나무에서 돋아난 새싹도 있다. 인생을 사계절에 비유하면 나는 이미 겨울에 들어선 사람이다. 마음은 청춘이지만 몸과 마음이 따로따로 놀 때가 잦음은 어쩔 수 없다. 얼굴 주름살은 깊어지고 행동은 허둥댄다. 몸의 지체들은 이곳저곳 삐걱거린다. 어느 곳 하나 튼튼한 곳이 없고 아프고 부자연스럽기에 검사실과 약국을 수시로 드나든다. 그런데도 나의 마음은 은퇴 후 삶에 대한 희망의 새싹이 돋아나고 있음을 느낀다. 인생을 정리하면서 아름다운 추억을 회상하며 남은 인생을 건강하고 행복하게 살아야 할 시기임에도 나는 새롭게 돋아난 새싹 속에서 살고 있다.

새싹은 맑고 따스한 자리에서 움을 틔워 죽음에서 생명으로 탄생한다. 그리고 쉬지 않는 생명력으로 자라난다. 새싹이 탄생함은 어떤 도움이 있었기에 탄생된 것이다. 무거운 흙덩이를 머리에 이고 땅속에서 올라오는 새싹은 보이지 않는 강한 힘이 어딘가 있음을 느끼게 한다. 창조주의 손길이리라. 귀여운 새싹의 연두색은 마음을 순하고 차분하게 한다. 여리고 앙증맞은 새싹은 보는 사람의 마음을 사랑스러운 연민으로 흡수한다. 새싹은 순수한 아름다움을 감상케 한다. 새싹은 사람의 마음을 가깝게 끌어당기는 신비한 마력을 지니고 있다. 무엇보다도 새싹은 앞날의 삶에 대한 꿈과 비전을 갖게 한다. 나는 새싹이라는 언어를 생각만 해도 생명의 기운이 솟아나곤 한다.

새싹은 주로 봄에 많이 볼 수 있다. 산천초목들이 봄비를 맞으며 발아시킨 씨앗을 틔워 새싹이 돋게 한다. 사시사철인 봄 여름 가을 그리고 겨울에도 식물의 종류에 따라서 싹은 돋는다. 여기엔 반드시 따스한 햇살이 있어야만 한다. 함박눈 내리는 추운 겨울에 방에서 기르는 콩나물도 방 틈으로 스며드는 햇살을 받아야만 씨를 발아시켜 새싹이 돋아난다. 햇빛은 어느 누구도 만들 수도 줄 수도 없는 것으로 전능자의 선물이다. 은퇴 후에 내 가슴속에서 돋아나는 새싹도 분명히 전능자의 선물이기에 잘 자랄 수 있도록 은혜 베풀어 주실 것을 믿는다. 생명의 기운을 품은 새싹은 내 삶을 더욱더 풍요롭고 아름답게 한다. 나는 내 가슴속에서 꿈과 비전을 품고 연둣빛으로 돋아나는 수많은 새싹을 바라본다. 살아있음에 감사하며 새싹들이 돋아나는 싱싱하고 희망찬 삶의 소리를 듣는 게 기쁘다.

　사람들은 나보고 그동안 하고 싶었는데 못한 일들을 하라고 권한다. 글쎄다~. 누군가 말했듯이 무엇을 하든지 경제적인 문제가 따르니 아무리 꿈과 비전이 있다 해도 할 수가 없음은 사실이지만 꿈만은 품고 산다. 은퇴 후의 삶에 대해서 많은 것들을 보고 듣는다. 제일 중요한 것은 욕심을 버리는 것이다. 명예 돈 자식 등 수많은 욕심에서 헤어나지 않으면 행복할 수가 없다. 행복은 자신의 마음속에 있지 않은가! 모든 생활이 단순해야 한다. 그리고 건강이다. 우리네 인생살이는 자기의 원대로 이루어지지 않음을 안다. 나는 지금까지 그래왔듯이 조용히 성령님의 인도하심에 따라 즐겁게 살고 싶다. 내 눈엔 비록 보이지 않아도 새 길을 만들어 가시는 하나님의 뜻을 따라서 말이다. 새싹이 파릇파릇하게 자라 열매를 맺을 수 있는 꿈과 비전을 품은 새싹이 내 가슴속에서 돋아나는 느낌만으로도 나는 생명의 기운을 얻어 좋다.

　싱그러운 새싹이 돋아나는 순간에 머물러 내 인생을 아름답게 살고 싶다. 연두색은 희망을 준다. 연두색을 좋아하는 은퇴 후의 나의 삶이 희망적이었으면 좋겠다. 나이테 많고 잘려진 통나무에서도 새싹이 돋듯이 나의 남은 인생도 언제나 사랑스러운 새싹이 돋아나길 소망한다. 비바람이 불고 거친 눈보라가 몰아쳐도 맑고 따스한 햇빛이 있는 곳에서는 새싹은 돋아난다. 언제나 따스한 햇살을 받을 수 있도록 은혜를 사모하며 끊임없이 기도해야 할 것이다. 육체는 어쩔 수 없이 순리에 따라 은퇴생활에 들어갔지만, 영혼은 새싹처럼 살 수 있겠다는 생각이 든다. 세월이 갈수록 무디어 가는 세포들과 감성을 자극해 생명의 기운을 만들어 언제나 새로운 삶을 살아가야 하리라. 나는 이 시간

내 가슴속에 새롭게 돋아나는 연둣빛 새싹들과 생활하고 있으니 감사하고 행복하다.

　내 가슴속에서 새로운 새싹들이 수없이 돋아나고 있음을 느낀다. 나의 은퇴 후의 삶은 언제나 꿈과 비전을 품은 싱싱한 새싹이 돋아나는 아름다운 순간순간이었으면 좋겠다. 나는 생명의 기운인 연둣빛 새싹들과 살고 있다.

사랑의 종소리

 사랑의 종소리가 들린다. 참으로 은은하고 청아한 종소리다. 누군가가 정성스럽게 종을 치고 있기에 아름다운 소리가 들리는 것이다. 종(鐘)은 누군가가 치지 않으면 소리를 낼 수가 없다. 어느 누군가가 남을 위해서 헌신하는 마음으로 정성을 다해서 치는 사랑의 종소리. 나는 내 영혼을 울리는 사랑의 종소리를 날마다 들으면서 살고 있다. 누군가 나를 위해서 치는 사랑의 종소리와 여운을 들으면 나는 감사와 행복이 넘친다. 이 시간은 나도 누군가의 마음을 울려 새로운 꿈을 꾸게 하는 내면의 사랑의 종소리를 내고 싶다. 긴 여운(餘韻)을 낼 수 있는 글이기를 소원하면서-.

 종소리는 모두 다른 소리로 들린다. 프랑스의 화가, 장 프랑수아 밀레의 〈만종〉에선 멀리 교회에서 들리는 종소리는 경건함과 동시에 나를 슬프게 한다. 만종, 저녁 종 그림에 얽힌 슬픈 이야기 때문인지도 모르겠다. 두 농촌 부부가 수확한 감자 바구니를 두고 황혼의 들녘에 서서 감사 기도를 하는 모습이, 원래는 그 바구니 속에는 감자가 아니라 죽은 아들이 담겨 있다는 수수께끼 같은 슬픈 이야기가 있어서다. 죽은 아들을 바구니 속에 두고서도 누군가 치는 종소리에 농부 부부가 슬픔을 넘어 감사 기도를 할 수 있는 그림. 영혼으로 사랑의 종소리를 들을 수 있기에 명화가 되어 수많은 세월이 지나 지금의 나의 영혼까지도 울리고 있는 것이리라.

내가 초등학교에 다닐 때는 "학교 종이 땡땡땡 어서 모여라. 선생님이 우리를 기다리신다." 하면서 학교 종이 울리는 신호에 따라 움직였다. 종소리는 약속과 신뢰로 이루어진다. 한 번 치면 쉬는 시간이고, 두 번 치면 공부 시작종이고, 계속해서 치면 비상신호여서 모두들 운동장으로 모였다. 종소리는 시계가 귀했던 시절엔 시계와 같은 역할을 했다. 주로 청동으로 만들어지는 종소리는 사람의 손이 가해져야 제소리를 낸다. 종을 치는 사람은 정확한 시간을 알리기 위해서 시계를 보면서 종 곁에 서 있다가 종을 친다. 매일 시각을 알리는 종을 치는 사람은 언제나 정성을 다하여 치기 때문에 신뢰가 가는 사람이다. 나는 항상 종 치는 사람은 존경할만한 사람이라는 생각을 한다.

나는 아주 어렸을 때부터 교회에서 치는 탄일종 소리를 즐겨 들었다. 내가 살던 지역에서는 교회에서 들리는 종소리로 하루 시간을 대충 알았다. 조용한 시골 마을이라서인지 멀리서 들리는 종소리가 맑고 드높은 하늘에서 공명을 일으켜 긴 여운을 남겼다. 나는 종소리에서 사랑과 희망과 행복하게 살리라는 꿈을 꾸었다. 언제나 종소리는 나의 영혼에 안정감을 주고 서정적인 정서를 준 셈이다. 종소리를 들으면 내 마음이 정화되고 누군가가 나를 부르며 사랑하고 있음을 느끼곤 했다.

내가 처녀 시절이었을 때는 수덕사의 종소리며 성당의 종소리라는 노래나 글이 많았다. 감성이 풍부하던 시절에 읽었던 글 중에는 김일엽 스님이 쓰신 수필들이 상당히 마음을 사로잡았다. 라디오에선 스님의 글에 관한 얘기나 대담을 나눌 때면 언제나 수덕사의 종소리가 은은히 들리곤 했는데 나는 그 종소리의 끊어질 듯 이어지는 맥놀이 현상이 참으로 좋았다. 성당의 종소리가 들리면 지금도 나는 이해인 수녀님의 아름다운 시들이 생각난다. 그 시절, 고국에선 연말이 되면 대통령을 비롯해 삼부요인이 서울의 보신각에서 치는 제야의 종소리 듣는 걸 즐겼다. 보낸 한 해를 감사하며 희망찬 새해를 알리는 긴 여운을 내는 종소리는 언제나 나에게 새로운 꿈을 주곤 했다.

경주 관광 여행을 하면서 불국사를 비롯해 경주박물관에 있는 세계에서 가장 아름다운 소리를 내는 커다란 에밀레종(성덕대왕 신종/봉덕사의 종)에 감탄을 금치 못했다. 에밀레종의 슬픈 종소리의 사연은 학창시절부터 익히 알고 있지만, 인신 공양에 대한 설화를 들을 때마다 늘 무섭고 슬프다. 성덕대왕의 업적을 만들기 위해 만드는 종이 거듭 실패를 하자, 어린아이를 희생물로 바쳤더니 그때야 이 아이의 한이 종소리에 서려 어미를 부르는 듯한 '에밀레~'라는 소리가 오래도록 여운으로 들린단다. 특유의 신비한 은은한 종소리를 내는 에밀레종이 완성되기까지는 거의 20여 년이나 걸렸다 한다. 심금을 울리는 애끓는 소리와 긴 여운으로 세계 문화유산인 에밀레 종소리는 현재까지도 재현해 내지 못하고 있단다. 한국인의 기술을 자랑하며 사람들의 심금을 울리는 에밀레 종소리를 말이다.

러시아 모스크바의 크렘린궁에 전시된 200톤이나 되는 세게 최대의 종은 한 번도 쳐보지도 못하고 깨진 채로 있다. 미국 필라델피아 자유의 종 역시 깨진 채로 관광객을 맞고 있다. 내가 사는 미국 캘리포니아 샌 페드로 항구 바닷가 언덕엔 미국독립 200주년을 맞이해 한국에서 선물한 '우정의 종각'이 있다. 나는 에밀레종을 본떠 만들었다는 그 종소리를 들은 적은 없지만 참으로 청아하고 은은한 소리를 내리라고 생각한다. 한민족의 은은한 문화와 정서를 멀리멀리 퍼져나가게 하는 것이다. 한국인들은 사랑의 종소리를 내어 널리널리 세계로 퍼져나가게 하려고 더욱더 정성을 다하고 싶은 소망과 꿈을 품고 살기에 자랑스럽다.

어쩌다가 종을 수집하게 되었다. 미국독립을 기념한 자유의 종부터 여행 다닐 때 가끔 모아온 기념품들이다. 지금까지 누군가가 치는 사랑의 종소리가 내 영혼을 울리고 있다면 나도 누군가를 위해서 사랑의 종소리를 내야 한다는 생각에 잠긴다. 각양각색의 모양과 소리를 내는 사랑스러운 종들처럼 사랑하는 사람들을 생각하면서 쓴 수필들이 떠오른다. 청아한 사랑의 종소리가 긴 여운을 내며 멀리멀리 퍼져나가 누군가의 영혼을 울려 감사와 행복 속에서 새로운 꿈을 꿀 수 있기를 기원해 본다.

그리운 풍경들

　그립다. 추억 속의 아름다운 풍경들이 참으로 그립다. 그리운 풍경들은 아름다운 내 삶의 결을 만들어 준다. 그리운 풍경들은 나의 삶의 결을 반짝이는 윤슬같이 아름답게 해준다. 정녕 잊을 수 없는 시절과 사람들을 떠올리며 이 순간을 더욱더 아름답게 살아 행복의 시절이 되게끔 해야 한다는 생각을 한다. 일생을 살면서 지나간 수많은 그리운 풍경들은 아름다운 결이 되어 사랑으로 내 삶을 이어가고 있다.
　그리운 풍경은 사람들의 모습 자연의 모습 일상생활에서 보았던 수많은 모습이 있다. 기나긴 일생을 살아오면서 보고 겪었던 일들은 모두가 기쁨과 노여움과 슬픔과 즐거움을 품고 있다. 여러 가지 지난 일 중에서도 추억 속의 그리움들은 대부분 아름다운 것들이다. 세월 속에서 각종 인연으로 만나 함께 시간을 보낸 귀한 사람들과 자연과 예술과 문화와 문명과 여러 가지 환경들이 내 삶의 결을 만들어 준다. 나는 때로는 비단결보다 더 곱고 순수한 마음을 가지고 살기도 하고 때로는 흉흉한 파도보다도 더 거친 마음속에서 살기도 했다. 그래도 많은 시간이 흘러 지금 생각해보면 인생은 아름다운 창조의 꽃이라는 생각이 든다.

어린 시절은 대부분 부모님의 생활 속에서 산다. 나의 부모님은 시골에서 농사를 짓고 살면서 작은 마을의 한 공동체를 이루면서 사셨다. 그러기에 동네 사람들은 거의 한 식구나 같이 살았다. 새해 첫날인 설날이 되면 우리 부모님은 색동옷 입은 우리 형제들의 세배를 받으시고 세뱃돈을 차례로 주셨다. 세뱃돈을 받은 우리는 마을 집집마다 돌아다니면서 어른들께 인사를 하러 돌아다녔다. 새해 인사가 끝나갈 즈음이면 누군가가 우리 집 창고에 있는 커다란 징이며 꽹과리 장구 북 등 각종 악기를 꺼낸다. 꽹과리 징소리가 울리기 시작하면 온 마을 사람들은 마당에 모여서 농악놀이가 시작된다. 남녀노소 할 것 없이 서로서로 손잡고 몸을 흔들며 둥실둥실 춤을 추기도 하고 노래를 부르기도 하면서 참으로 흥겹고 즐거운 시간을 보냈다. 다시는 볼 수 없는 추억 속의 그리운 풍경이다.

학창시절은 부모님의 도움 아래서 산다. 나는 1960년 4월 19일. 이승만 독재정권 타도를 기치로 일어난 민주주의 혁명 때나 1961년 5월 16일 군사 정변 시대를 보냈다. 역사의 격변 시대에도 낭만은 있어 미니스커트, 장발족, 통기타 등 젊음을 상징하는 단어들이 많이 있어서 좋았다. 공부하기 지겨웠으나 앞날에 대한 비전이나 꿈을 꾸기도 하고 독서를 하는 재미도 있었다. 하얀 눈을 뭉쳐 눈싸움하던 친구들은 모두 어디에 있을까.

청년 시절은 대부분 부모에게서 독립하여 산다. 자유를 맘껏 누리고 살아서 좋다. 어느 크리스마스 전날 밤에 직장동료들과 한참 유행이던 고고클럽에 갔던 일을 잊을 수가 없다. 폭풍의 계절이 지나가듯 사랑의 계절도 지나가고 나면 냉정한 현실을 직시하게 되는 시기다. 윤기

나는 긴 머리를 휘날리며 친구와 함께 밀레 특별전 피카소 특별전을 찾아다니던 처녀 시절은 참으로 그리운 시절이다.

중·장년 시절은 대부분 결혼 후의 삶이다. 나는 결혼 후 얼마 지나지 않아 고국을 떠나 미주 이민 1세로 살고 있다. 자녀를 낳아서 키우고 교육하면서 자녀의 웃음 속에서 부모들이 느끼는 보람과 행복을 누렸다. 아이들의 부풀어 가는 희망과 함께 내 가슴도 부풀어 갔다. 이민자가 대부분 겪는 고난과 고국에 대한 그리움은 어쩔 수 없었다. 아이들의 사랑스러운 온갖 소리들이 한없이 그립다.

노년 시절은 다시금 누군가의 도움이 필요한 때다. 그래서 노인아기란 말이 생겼나 보다. 대부분 칠순에 이르면 노인이라 부르는데 정신적 육체적으로 차츰차츰 누군가의 도움이 필요한 시기다. 혼자서 일을 처리하지 못하고 누군가의 손길이 필요한데 도움을 받을 만한 사람이 주위에 아무도 없을 때 그 외로움은 이루 말할 수 없다. 서로서로 사랑으로 도와가며 사는 이웃들이 절실히 필요한 때임을 느낀다.

오랜 세월 살아오니 내 인생살이의 결이 켜켜이 쌓여 아름다운 무늬를 만들어주고 있다. 그 밑바탕은 사랑이 연연히 이어주고 있음을 알 수 있다. 아름다운 추억들은 대부분이 사랑하는 사람들과 함께 한 시간이다. 이미 이 세상을 떠난 사람도 있고 어디에서 살고 있는지 궁금증만 주는 사람들도 많다. 그리운 풍경의 배경엔 언제나 내가 살아가기에 좋은 사랑이 있었다. 어디에 있든지 그리운 사람들은 그리운 시절과 함께 영원히 내 가슴속에서 사라지지 않을 것이다. 그리운 사람들이 있었기에 지금의 내가 존재할 터이니 말이다.

그리운 풍경들이 내 삶을 풍요롭게 해주고 있음을 느낀다. 흐르는 세월 속에서 그리운 풍경들은 내 삶의 결이 되어 내 일생을 연연히 이어가고 있다. 이 시간 그리운 풍경들이 추억 속에서 자꾸만 되살아나고 있다. 사랑스러운 소리들과 함께.

빈손

 빈손이다. 여왕님의 손도, 시인의 손도, 어느 날 나의 손도 빈손이 될 것이다. 요즈음 비슷한 시기에 부자 여왕님과 가난한 시인의 영면 소식을 들었다. 삶 자체가 역사였던 영국 여왕 엘리자베스 2세가 96세 나이로 2022년 9월 8일, 자신이 사랑하는 스코틀랜드 밸모럴성(城)에서 서거했다. 며칠 지나지 않아 한국문인협회 미주지회 오애숙 시인이 62세 젊은 나이로 같은 달 16일, 캘리포니아 병원에서 소천했다는 소식이다. 두 사람의 별세 소식을 들으면서 나는 어느 날 누군가가 추억할 나의 빈손을 상상해 본다.

 '살아있는 현대사'로 불린 엘리자베스 2세 여왕은 70년 동안 장기 집권한 영국의 정신적 지주였다. 1952년 25세 나이로 여왕 즉위하여 명성과 부(富) 모든 것들을 소유한 채 버킹엄궁에서 근무하며 영국의 정신적 지주로 살았다. 지금도 영국민과 세계 사람들의 사랑을 받고 있는 아름다운 신데렐라를 연상시키는 세기의 결혼식으로 각인된 고 다이애나 왕세자비와 아들 왕세자 찰스의 결혼식, 연이은 이혼 때문에 어려운 곤경에 처했을 때도 왕실의 위엄을 의연하게 지켰던 여왕. 애도의 조문 행렬이 8킬로미터나 되었고 조문객도 75만 명으로 추정하고 있다.

영국 군주이자 대영제국의 엘리자베스 여왕 국장은 웨스트민스터 사원에서 각국 나라 수장들과 왕실 일가들로 장례식이 치러졌다. 런던 빅벤(Big Ben)은 96번 엄숙한 종소리를 울렸다. 여왕의 상징인 휘황찬란한 보석이 빛나는 왕관과 지휘봉 같은 막대기를 부러뜨려 관에서 내려놓음으로 여왕의 직무가 끝났음을 알렸다. 우리나라 대통령도 "여왕과 동시대 공유 영광"이라는 말로 조문했다. 하회마을을 방문했을 때 한국문화를 존중하여 신발 벗고 고택을 올랐던 일화가 한국인들에게는 감동적으로 남아있다. 열흘간의 세기의 장례식 중 시민들의 배웅 속에서 마지막 여정을 보내고 일 년 먼저 간 에든버러 공작의 곁에 영면했다.

"내 평생 유일한 여왕이여 안녕히!" 어느 시민의 마지막 인사가 바람 타고 널리 널리 퍼져나가고 있다.

하늘나라 복음 소식을 열심히 전하는 전도사로 언제나 사랑의 시 쓰기를 즐기던 오 시인의 일생은 물질적으로는 가난했다. 자신을 위해서는 지출을 극도로 자제하면서 살아가니 겨울에도 헐거운 옷차림이었고 두 아들의 머리도 직접 손질해 주었다. 그래도 영혼은 부유하여 본향인 천국 소식을 시간만 나면 아무 곳에서나 전파하면서 행복한 웃음을 잃지 않고 사람들을 대했다. 한국문인협회 미주지회 총무로 십여 년간 봉사해 오면서 늘 문우들을 챙겼던 선하고 아름다운 여전도사요, 시인이다. 오애숙 시인은 시뿐만 아니라 시조, 소설, 수필 등 여러 장르를 넘나들었다. 그야말로 문학의 향기를 품어낼 줄 아는 능력 있는 문학인이었다. 문학여행을 할 때도 무언가 생각날 때마다 펜으로 메모하던 오 시인. 허구의 문학이 아니라 실생활에서도 문학과 접목된 생활을 해왔던 시인은 한국문인협회 미주지회를 위해서 애정 어린 헌신과 봉사를 아끼지 않았다. 은근한 사랑과 그녀가 남긴 수많은 작품은 세월이 흐를수록 우리들의 가슴 속에서 향기를 발할 것이다. 천국으로 나보다 먼저 간 소녀처럼 천진한 오애숙 시인의 미소가 가슴을 울린다.

오늘은 왠지 모르게 보드라운 바람결에 따스한 햇볕이 내리쬐는 시골 마을에서 진달래 화채를 보듬고 초가집을 드나드는 내 소싯적 모습이 아스라이 떠오른다. 진달래꽃이 피는 봄이 되면 우리 어머니와 새언니는 진달래 화채를 만들어 동네방네 선물했다. 나는 진달래 화채를 집집마다 가져다주면서 심부름하는 걸 행복해했다. 어떤 집에 들르면 이웃 할머니가 내 이름을 부르면서 예쁘다고 칭찬해주시며 머리를 쓰다듬어 주시는 것이 좋았다. 어떤 집에선 달곰한 사카린을 넣어 만든 호밀떡이나 쑥떡을 준다. 그러면 나는 행복새가 되어 우리 어머니에게 전해주면 즐거워하는 모습이 나를 더욱더 즐겁게 했다. 서로 사랑을 주고받는 사랑의 통로 역할을 많이 해서인지 지금도 나는 사랑의 통로 역할이 즐겁다.

요즈음 나는 빈손으로 이 세상을 하직한 사람들의 모습이 자꾸만 떠오른다. 그렇게도 아름답고 싱싱한 삶의 모습을 보여주던 사람들이 한순간에 어느 것 하나 붙잡을 수 없는 빈손이 되고 만다. 한시도 쉬지 않고 손을 놀리면서 무언가를 움켜쥐었던 손이 마지막 한순간엔 빈손이 되어 다른 세계로 떠나게 된다. 인생은 이 세상을 나그네같이 떠돌다 가는 허무한 인생이라는 말이 있다. 그러나 나는 나그네같이 허무한 인생길을 걷는 것이 아니라 예수님과 동행하는 소망이 있는 순례자의 길을 걸을 수 있음에 행복하다고 말할 수 있다.

이 세상 모든 사람은 너나 나나 할 것 없이 언젠가 다른 세상으로 다 떠난다. 그 시기에는 살아서 많은 것들을 움켜쥐고 싶어 하던 손이 스쳐 가는 바람도 잡을 수 없는 빈손이 되고 만다. 그 빈손을 바라보며 추억하며 평가하는 것은 이 세상에 살아남아 있는 사람들의 몫이다. 현대사의 상징이었던 여왕님의 빈손은 평화의 메시지를 전했던 손이었고, 오 시인의 빈손은 사랑시를 쓰면서 천국을 알리는 복음을 전했던 손이었다고 나는 말하고 싶다.

나의 빈손은 사람들의 추억 속에 사랑의 통로로 쓰임 받은 미주 이민 1세로 기억되기를 소망하며 하늘을 올려다본다.

오늘따라 푸른 하늘이 더 파랗게 보인다.

생사의 갈림길

　이 시대를 코로나19 팬데믹(COVID-19 Pandemic) 시대라 부른다. 지구촌 사람들은 너나 나나 할 것 없이 공포에 떨면서 생사의 갈림길을 걷고 있다. 생사의 갈림길엔 '호흡'이 있다. 산소를 몸속으로 실어 나르는 호흡이 있으면 생물학적으로 살아있는 것이고 호흡이 멈추면 죽는 것이다. 호흡은 날숨과 들숨으로 끊임없이 코를 통해 공기 속에 있는 산소를 흡수하고 몸에서 신진대사 후에 발생한 이산화탄소를 배출하고 있다. 이 세상에서 가장 고귀한 자산인 호흡이 생사(生死)의 갈림길에 서 있다. 호흡을 소유하고 있기에 아름다운 이 세상에서 생활할 수 있고, 한 송이 꽃을 가꾸면서 한국인의 정서를 세계로 퍼져나가게 하는 꿈을 꿀 수 있어 나는 행복하다.
　너나 나나 할 것 없이 숨 쉬는 한순간마다 세포를 살리는 산소를 고맙게 생각하는 시기에 살고 있다. 지금 지구촌은 가쁜 호흡을 도와줄 수 있는 산소통이 없어 그대로 생명을 잃어가는 인도 사람들의 비참한 현실이 각종 미디어를 통해서 보도되고 있다. 우방국들이 서로서로 사랑의 손길을 뻗치고 있지만, 현실은 참혹하다. 인도는 2021년 5월에 들어서서 코로나 1일 신규 확진 40만 명이나 되고 사망자도 연일 3천

명 이상씩 쏟아지고 있어 세계에서 가장 많은 사망자 수를 기록하고 있다. 인도의 갠지스강 주변이 온통 생사의 갈림길에서 통곡하는 소리로 가득하다. 주차장이 화장장이 될 정도로 심각하고 묘지 공간도 부족하여 코로나 쓰나미에 치를 떨면서 국제적인 사랑의 손길을 기다리고 있는 실정이다. 인정 많은 대한민국이 어려운 형편 중에도 산소발생기 등 코로나 대응 물품을 긴급으로 지원 사랑의 향취를 초록 바다 위로 물씬 풍기고 있다는 소식이 가슴을 뿌듯하게 한다.

코로나 시대에 살고 있는 지구촌 사람들은 생사의 갈림길에서 아우성이다. 2020년에 중국 우한에서 창궐한 코로나바이러스는 한 해를 지나면서 무섭게 변이 바이러스가 생겨 사람들이 더 우려하고 있는 실정이다. 무서운 전염병 시대를 지내면서 이 세상은 하나임을 실감한다. 어느 한 사람, 한 나라에서 그치는 게 아니라 눈에 보이지 않는 바이러스는 이 지구촌 구석구석을 휩쓸고 다닌다. 방역 규칙을 지키며 코로나 백신을 맞아 집단 감염을 막으려 전 세계가 노력하고 있지만 아직은 백신이 부족한 상태여서 안전하지 않다. 서로 챙기며 악성 바이러스를 물리치는 수밖엔 도리가 없다. 코로나 증상으론 고열과 호흡곤란이 문제다. 호흡을 소유하고 있으면 인생살이의 연결이요 호흡을 잃으면 이 세상에선 영원한 마침표를 찍는 것이다. 호흡이 있을 때 서로서로 사랑하고 아름다움을 나누는 삶이 이어져야 한다는 생각을 누구나 한 번쯤 생각해 볼 시기다.

지구촌 한쪽에서는 생명을 살리려 노력하고 있는데 내가 살고 있는 미국에서는 아시안이 코로나바이러스를 몰고 왔다고 난리다. 아시안을 혐오하고 심지어는 폭력으로 목숨을 앗아가는 불상사가 일어나고 있다. 아시안들은 "Asian not Virus"라는 플래카드를 들고 반박하고 나서지만, 미국인들의 정서는 아시안들을 비하하고 있음을 알 수 있다. 미국 대통령 바이든은 "아시아계 증오범죄 방지법"에 2021년 5월 20일에 서명했다. 아시아인으로 이민자인 나는 생사의 갈림길을 위태위태 걷고 있는 심정이다. 눈에 보이지 않는 바이러스 때문에 죽을 수도 있고 아시안을 바이러스로 생각하고 죽이려는 본토박이 사람들이 있으니 말이다. 심각한 비상시국에서 나는 어떻게 살아가야 할 것인가를 깊이 해본다. 하루에 한 가지씩이라도 좋은 일 하고 한 가지씩이라도 불필요한 것들은 버리면서 생(生)을 정화(淨化)해야 할 것 같다.

심장 박동이 쿵쿵 뛰고 있으니 나는 분명히 살아있다. 지금 나는 이 세상에서 행복하게 살기 위해 내가 좋아하는 일들을 해야겠다. 이 글을 끝내고서 나는 뒤뜰에 있는 꽃나무들을 가꿀 것이다. 신비로운 향기를 발하는 빨간 장미꽃 향기를 맡을 것이며 빛깔 좋은 능소화가 넘어지지 않도록 받침대를 조절해 줄 것이다. 흐드러지게 피어난 분홍색 선인장 꽃들 앞에 살포시 다가서 황홀한 자태에 취하기도 할 것이다. 나는 꽃과 같이 아름다운 사물을 사랑하고 악(惡)은 멀리하면서 살아야 한다는 생각이다. 그래야 영혼이 선(善)해지고 향기로워질 것이기 때문이다. 한 송이 꽃을 생각만 해도 향기로움을 느낄 수 있고 마음이 행복해 짐을 느낀다. 겸손한 마음으로 주위의 사람들을 사랑하면서 꽃을 심으면 행복은 저절로 찾아온다.

나는 생사의 갈림길을 걸으면서 이루고 싶은 꿈을 꾼다. 미주 이민 생활을 한 거칠고 황량했던 광야를 한국인의 정서가 깃든 단아하고 신비로운 향기가 풍기는 고향 꽃들로 꽃동산을 만들고 싶다. 소박한 한민족의 정취를 한국 고유의 꽃들로 꽃동산을 만들어 한국인의 정서와 사랑을 세계로 넓혀가고 싶은 일이 지금의 나의 꿈이다. 이룰 수 없는 꿈일지라도 나는 가끔 내 꿈을 상상은 해본다. 무궁화 봉숭아 할미꽃 등 수수하고 아름다운 고향꽃들이 둘러싸여 있는 곳에서 기도하고 문학 하고 사랑을 나누고 싶은 나의 꿈을 주께서 기적적으로 허락해주실 지도 모르는 일 아닌가. 꽃동산을 만들지 못하면 어쩌리-. 내 주위에 한 송이 고향꽃이라도 정성을 다하여 심으면 사랑하고 싶어지는 한국인의 정서는 반드시 세계로 퍼져나가리라.

생사의 갈림길에서도 호흡이 있기에 우주 만물과 교감하면서 사랑을 나눌 수 있으니 얼마나 좋은가. 맑고 밝고 향기롭게 살아 아름다운 생(生)의 여운을 흔적으로 남긴다면 얼마나 좋겠는가. 세월의 흔적이 차곡차곡 내 가슴으로 쌓이는 소리가 숨소리로 들리는 것 같다. 나는 생사의 갈림길에서 겸손과 사랑으로 한국인의 정서가 담긴 꽃들을 심어 사랑스러운 한국인의 정서를 더 넓은 지경으로 넓혀가고 싶은 꿈을 하늘에 날린다. 내 꿈이 꼭 이루어지기를 기도하면서.

2월의 소리

2월의 소리는 생명의 소리다. 침묵의 대지가 얼었던 땅을 깨는 소리, 버들가지가 움을 트는 소리, 한 아이가 이 세상에 태어나면서 허파가 터져 호흡을 내뿜는 소리 등. 일 년 열두 달 중 다른 달에 비해 언제나 하루나 이틀이 모자라는 달. 미완의 달 2월은 늘 부족한 삶을 사는 미숙둥이인 나를 닮은 달이다. 희망찬 새해를 노래하는 수많은 사람의 관심이 사라져 가는 달, 뛰어나지 못해서 사람들의 관심을 받지 못하는 나와 닮은 2월. 그래도 2월은 내일의 행복을 찾아 힘차게 정진하는 생명의 소리를 품고 있는 달이다.

2월은 눈에 보이지 않는 하루나 이틀 속에 신비의 보물이 숨겨진 달. 우주 만물의 생기가 응집되어 있어, 일 년 12월 중 가장 왜소한 몸집을 지녔으면서도 한 달을 거뜬히 견뎌내는 달이다. 2월은 4년마다 윤달이라 해서 29일, 평달은 28일이다. 올해는 평년이냐 윤년이냐를 헤아려 볼 수 있어 삶에 흥미를 주는 달이다.

2월은 하루나 이틀 속에 신비의 보물을 숨겨 놓고 침묵으로 찾는 자에게 행운을 주는 달이기도 하다. 사람들의 눈에 띄지 않게 숨겨진 보물을 어떤 사람들은 가슴으로 찾아내 횡재한 기분으로 즐거워하기도

하다. 월급쟁이 시절, 월급날이 빨라서 즐거웠던 생각을 하면 행복을 품은 신비의 달이 아닌가 싶다.

2월은 새해를 맞이하는 사람들의 환호 소리와 술렁이는 분위기가 사라져 가는 시기여서 아무런 관심도 받지 못하는 달이다. 또한, 만물이 소생하는 봄을 알리는 3월을 찬미하기에 바쁜 사람들의 열광 속에서 있는 둥 마는 둥 조용히 사라져 가는 달이다. 그래도 만삭인 1월과 3월 사이에서도 자존감을 잃지 않고 침묵으로 2020년 동안 견뎌낸 강인한 달이다. 자존감만은 잃지 않고 항상 창조하는 마음으로 무언가 배우는 자세로 노력하면서 살고 있기에 우주의 생기를 받아 여기까지 살아온 나와 같지 않나 싶다.

2월은 내가 태어난 달이다. 그래서인지 연민의 정이 남달리 많은 달이다. 모든 일에 무언가 조금은 부족한 나는 다른 달과 달리 모자란 날로 된 2월에 태어나서 그러나 보다는 생각이 들기도 한다. 2월은 사랑의 빨간 심장 덩어리 동백꽃이 만발하였다가 꽃샘바람에 통째로 미련 없이 떨어지는 계절이기도 하다. 첫사랑의 순정을 가슴에 품고 미련 없이 떨어져 버린 동백꽃 사랑의 화신이 해마다 피어나는 계절이다. 나는 미완의 달에서 행복을 찾아낸 행운아다. 한평생의 반려자인 남편도 2월에 소개를 받았으니 참으로 나와는 인연이 많은 달이기도 하다.

2월은 새해의 봄이 들어선다는 '입춘(立春)'이 있는 달이다. 옛날에는 대문에 입춘대길(立春大吉) 건양다경(建陽多慶)이라고 한자로 써서 대문에 붙여 놓은 집을 흔히 볼 수 있었다. 2월이 되면 아버지가 방문 창호지를 새것으로 갈고 방문 앞에 정성스럽게 창호지 위에 먹물로 써서 붙이던 모습을 기억한다. 새봄이 오고 있음을 알리고 있지만, 사람들은 무

관심 속에서 소리를 잘 듣지 못한다. 만삭둥이 3월이 되어서야 새봄이 왔다고 환호성들이다. 그래도 2월은 제 소임을 다할 뿐 밖으로 나타내려 요동치지 않는다. 자존감이 대단한 달이다.

2월은 누구에게나 공평하게 흘러가는 시간이 조금 덜 머물러도 불만을 품지도 않고 겸손하고 의젓한 자세를 취하고 있다. 좀 모자라는 시간을 소유하고서도 당당하게 한 달을 지탱하고 있으니 대견할 뿐이다. 숨겨진 보물, 행복을 찾아 더욱더 노력하고 진지하게 세월을 맞이한다. 모든 것들이 똑같이 이루어질 수 없음과 제 나름대로 가치가 있음을 터득하고 있는 달이다. 언제나 일 년은 365일을 유지하면서 우주의 조화를 이루어 갈 수 있도록 양보심을 발휘하는 어여쁜 달이다.

2월은 가끔 시린 가슴을 스쳐 가는 꽃샘 바람소리가 들린다. 혹독한 강추위를 몰아낸 바람이 잔설(殘雪)을 못 잊어 흐느끼는 소리다. 이 소리는 무소유의 뜻을 깨닫게 해준다. 나는 바람소리에 귀 기울일 때면 몸이 가벼워져 바람과 친구 하고 싶은 마음이 크다. 바람처럼 원하는 곳이면 자유로이 어디든지 떠다니고 싶다. 나의 마음엔 방랑자의 기질이 있나 보다. 내 영혼이 거룩한 이름을 송축하며 나에게 허락해주신 이 땅의 아름다움을 마음껏 만끽하고 싶다. 미완의 달 2월에 왜소한 몸집으로 태어났기에 내 몸을 가볍게 하는데, 필요한 욕심을 덜 소유하는 것 같아 좋을 때도 있다.

2월은 희망의 달이다. 하루 이틀에 숨겨진 보화를 찾기 위해서 수런거리는 소리가 난다. 없는 것 같은 하루 이틀 속에 숨겨진 보화는 행복이다. 나만이 오롯이 마음속으로 누릴 수 있는 행복 말이다. 나는 근심하는 자 같으나 항상 기뻐하고 가난한 자 같으나 많은 사람을 부요

⁽富饒⁾하게 하고 아무것도 없는 자 같으나 모든 것을 가진 자로 살고 싶어 하는 소망을 품고 있으니 가장 좋은 숨은 보화를 찾아낸 사람이 아닌가 싶다. 부족한 날짜로 불평 없이 다른 달들과 같이 당당히 한 달을 유지하고 있는 2월. 우주의 기운이 응집된 2월에 태어난 나는 아름답고 존귀한 자로 날마다 가슴에 행복을 품고 즐거운 노래를 부르고 싶다.

2월의 소리는 생명을 품고 있다. 왜소의 달에 태어난 나는 율동적으로 콧노래를 부르며 오늘도 자박자박 인생길을 걷는다. 날마다 보이지 않는 하루나 이틀 속에 숨겨진 신비의 보화, 행복을 찾아 지구촌 사람들과 함께 공유하고 싶은 희망과 함께. 나는 생명의 소리가 가득한 2월의 소리를 들을 수 있는 날까지 이 신비한 세상을 행복한 마음으로 감사하며 살련다.

독서가 좋아

 독서가 좋다. 이 나이에도 독서가 좋아 책을 읽을 때는 희망이 넘치는 학생 기분이 든다. 독서는 나이를 잊게 하는 마력이 있나 보다. 여러 가지 취미생활 중에서도 아주 쉽게 시간을 즐길 수 있는 것이 독서가 아닌가 싶다. 특별한 도구가 필요치 않고 책 한 권만 손에 들면 그만이기 때문이다. 적은 공간에서 자투리 시간을 이용해서 즐길 수 있으니 독서처럼 좋은 취미생활은 없는 것 같다. 책을 읽다 보면 아름답고 향기로운 삶이 꿈꾸어지기도 하고 이 세상 모든 것들을 사랑하고 싶은 마음이 생겨서 좋다. 책 읽기를 즐기니 저절로 행복한 삶이 이루어지고 있음을 느낀다.
 독서(讀書)는 타인과 생각을 나누는 비대면 소통의 도구일 것이다. 책을 읽음으로써 저자의 마음을 알아보려고 노력하고 또한 자기 자신을 바라보게 되니 말이다. 독서를 하다 보면 고전과 현대를 접목해 새로운 생활의 지혜를 얻을 수 있다. 독서하는 습관을 기르면 인생살이의 소중한 자기의 쉼터를 마련하는 셈이니 얼마나 유익한 일인가. 책 읽는 시간에 가끔 자기성찰도 할 수 있으니 참으로 좋은 자유 시간이라 할 수 있겠다. 독서는 과거와 현재 그리고 미래를 연결해주는 시간을 초월해 인생의 가치와 소중함을 일깨워 주어서 좋다.

내가 읽는 책들은 주로 수필집이나 소설 그리고 시집 등 문학 서적이다. 사랑을 주제로 하는 고전과 현대문학 작품들은 서정적인 정서를 많이 갖게 해주어서 좋다. 메마른 땅 위를 터벅터벅 걸어가면서 둔한 감성으로 살아가는 나의 생활에서 독서는 오아시스 역할을 해주는 셈이다. 때로는 책꽂이에 있는 오래된 초등학교 교과서도 읽는다. 인생살이의 기초적인 지식과 생활 태도를 교육하고 있는 초등학교 교과서는 늘 나를 푸르고 싱싱하게 만들곤 하기 때문이다. 소싯적 아름다운 추억도 느낄 수 있게 하고 하늘의 별을 따다 나에게 주겠다던 첫사랑이 지금은 하나의 별이 되어있을지도 모른다는 동화 같은 무지개 꿈도 갖게 한다. 가끔 삶의 의미를 다룬 철학적인 책들도 읽고, 종교적인 책들도 읽는데 나의 의식을 일깨워 참신한 세계를 주어서 좋다.

독서를 함으로써 이 세상의 역사도 알 수 있고, 인류가 살아온 흔적도 볼 수 있다. 시대의 변화를 생생하게 느낄 수 있는 지혜를 독서는 안내해주고 있다. 희로애락(喜怒哀樂)이 범벅되는 일상적인 삶 속에서 경험한 모든 일이 인류의 공통적인 생활의 연속임을 책을 읽음으로써 느낄 수 있다. 한 세대가 시작되어 끝이 날 무렵에 또 한 세대가 시작되어 연연히 시간을 잇대어 가는 인류의 모습을 문학과 예술을 통해서 형상화하고 있음을 독서를 통해서 알 수 있다.

내 인생에도 아름다운 무늬가 있다면 독서가 준 선물이 아닌가 싶다. 인생을 아름답고 향기롭게 살고자 하는 몸부림을 독서를 통해서 할 때가 잦기 때문이다. 어떻게 사는 것이 옳은지, 보람있게 살 수 있는지를 책을 읽음으로써 스스로 터득할 수가 있게 된다. 책에 있는 내용에 몰입하다 보면 작자의 사상과 나의 사상의 정점을 찾게 되기도 한다. 내 인생의 주인은 나 자신이라는 생각과 나 자신을 사랑해야 행복해진다는 깨달음을 얻게도 된다. 영혼을 살찌우는 독서의 힘은 내면의 아름다움을 쌓아가며 영원히 행복해할 수 있는 여유가 생기게도 한다.

다독(多讀)하다 보면 세계적인 작가를 만나고 인격적인 다양한 인물들을 만난다. 지구촌 곳곳에서 여러 양상으로 인류를 이끄는 사람들의 모습을 독서를 통해서 만날 수 있다. 시대를 초월한 만남의 장소. 사상을 초월한 만남의 장소. 국가를 초월한 만남의 장소. 성별을 초월한 만남의 장소 등 수 없는 것들과 만날 수 있는 장(場)이다. 김소월이나 헤르만 헤세도 만나고, 박경리나 펄 벅도 만나고, 피천득 수필가도 만나고, 이해인 수녀님이나 법정 스님도 만난다. 저술가 박정규 형부도 책 속에서 다시 만난다.

독서가 좋아 무슨 이익들이 있을까를 생각해본다. 지금은 영상 매체가 발달하여 '전자 서적'도 널리 보급되고 있어 좋다. 독서는 무엇보다도 내면세계의 변화를 가져온다. 지식 창출, 사회적 소통, 권선징악(勸善懲惡)을 알게 한다. 인간과 자연의 공존 중요성이나 반성을 할 기회를 포착시킨다. 인간의 근본은 사랑임을 느끼게 하고 인류의 근원을 생각하게 한다. 감성과 서정을 갖게 하고 문화 문명과 예술의 아름다움을 깨닫게도 한다. 인류는 공동체이기에 서로 상호 협력하면서 살아가야 함을 일깨워 주기도 한다. 시간과 공간을 초월한 인생의 아름다움은 '사랑'임을 알게 한다. 사고력(思考力)을 키우고 건강한 사회의 일원이 되는 정신을 배우는 등 유익함이 많다.

　내가 글을 읽기 시작하면서부터 지금까지 내 인생을 이끌어 가는 힘은 독서로부터 나온 것 같다. 제일 먼저 읽기 시작한 동화책 《소공녀》에서 어려움을 참아내는 '……하는 셈 치고'로 배운 인내심은 지금도 일상생활에 적용하고 있다. 현대소설의 기초를 이룬 이광수 소설 《사랑》이나 《유정》에서는 절제하는 아름다운 사랑법을 배웠고, 학창시절에 의무적으로 읽었던 문학전집에서는 수많은 소중한 삶들을 엿보았다. 근래엔 딸아이가 읽어보니 좋다면서 생일 선물로 준 한국어로 번역된 이민진의 장편소설 《파친코》를 읽었다. 1.5세 이민자의 작품이어서인지 책 이름부터 세대 차이를 느끼면서도 한국인의 핏줄을 다룬 내용에 대견한 생각이 든다. 짓밟힌 이민자의 투쟁적 삶을 이어가며 정체성의 의문과 맞닥뜨리면서 끝내는 뿌리를 내리는 기쁨을 맛볼 수 있는 체험적 장편소설이다. 나의 희망적인 이민생활을 새롭게 하는 데 도움이 되리라는 생각이 든다.

　독서가 좋다.
　책 읽는 즐거움을 만끽하며 정신적인 풍요로움을 느끼면서 살 수 있음에 감사한다. 행복은 책을 읽음으로써 찾아오고 있음을 나는 늘 느끼고 있다. 나는 독서가 좋아 오늘도 눈을 비벼가면서도 진리의 말씀 성경책을 비롯해 이런저런 글들을 읽는다. 한 줄기 시원한 바람이 내 가슴 밑바닥을 훑고 지나가는 기분이 들 때까지.

• 제5부 •

즐거운 원평시장

마스크 패션

 마스크 패션은 코로나바이러스 위기를 극복하면서 새롭게 태어난 신문화. 2020년을 사는 온 세상 사람들을 강타한 나쁜 놈은 역병인 코로나바이러스다. 만물의 주인인 사람이 눈에 보이지도 않는 병균과 싸우면서 가장 많이 사용하는 무기로 마스크를 사용하고 있다. 마스크(Mask)는 영어식 외래어로 순수한 우리말로는 '입덮개'라고나 할까. 마스크 패션은 가능한 입을 닫고 아름다운 생명의 말만 하면서 살라는 무언의 교훈을 준다. 코로나바이러스-19 이후에 생긴 새로운 삶의 패션이 될 수 있겠다.
 내 생애 처음으로 들어보는 생소한 마스크 패션쇼. 병원이나 특별한 곳에서 위생용으로 사용하던 기능성 마스크가 이제는 개성이 담긴 생활용품으로 변형된 것이다. 코로나바이러스의 예방약도 치료제도 없는 현재로서는 비말감염을 막기 위해서 사회적 거리두기와 마스크 착용을 우선시하는 실정이다. 다양한 마스크를 선보이는 생소한 마스크 패션쇼를 할 정도로 사회생활 패턴이 달라진 것처럼 이제는 생활방식도 달라져야 한다는 생각이 든다. 마스크 패션에서 말을 조심하고 조용히 살라는 삶의 교훈을 얻는다. 신종 코로나바이러스 감염증(COVID-19)

위기를 극복하면서 새롭게 생긴 마스크 패션이 나에게 준 유익한 삶의 지혜다.

우리나라 최초의 마스크 패션쇼에서 기능적인 마스크가 패션 마스크로 변하고 있음을 알 수 있다. 다양한 모양과 색깔로 의상과 함께 조화를 이루게 한다. 마스크를 만드는 재료도 다양해 가고 있다. 종이로 만든 일회용은 주로 병원과 같이 기능성 마스크가 필요한 곳에서, 다양한 디자인과 천으로 된 패션 마스크는 외출 때 사용한다. 대한민국이 세계에서 코로나 방역이 최고라는 말과 함께 마스크 패션도 최고라는 생각이 든다. 언어(言語)를 조절할 줄 아는 삶의 패션도 최고였으면 좋겠다.

지금은 어느 장소에 가든지 마스크를 착용해야만 한다. 얼굴의 반 이상을 덮는 마스크가 자연적으로 제일 먼저 눈에 띄기에 어떤 마스크를 썼는지 서로 보게 된다. 교회에서 설교하시는 목사님도 마스크를 쓰고서 설교하시니 별난 세상에 살고 있다는 생각이 든다. 현재는 인간의 힘으로는 도저히 인류를 장악하고 있는 코로나바이러스-19 병균을 이길 수가 없으니 전능하신 하나님의 은혜가 절실히 필요한 때다. 마스크로 입을 막고서 나대지 말고 조용히 사회생활을 하라는 시대적인 교훈 같다. 삶을 움직이는 일상에서 사용하는 모든 언사(言辭)를 한 번쯤 거르는 생활 패션을 생각게 한다. 언어를 조절시키는 도구 같은 마스크를 착용하면서 함부로 말을 내뱉어 내지 말고 꼭 필요할 때만 입을 열어야겠다는 생각이 저절로 든다.

내가 일하고 있는 직장에선 별로 크지 않은 부드러운 천 조각으로 만들어진 다용도 마스크를 주었다. 마스크인데 스카프, 머리밴드 등 여러 가지로 사용할 수 있는 패션 마스크다. 마스크를 사용하면서도 멋을 살리고 즐거운 마음으로 사용할 수 있도록 만들어져서 좋다. 역병도 인간의 지혜로 잘 이겨낼 수 있음을 보여주고 있다. 요즈음은 다양한 디자인과 색상으로 패션성을 살린 마스크들이 많아 선택의 폭이 넓어 좋다. 미세먼지나 자외선은 차단하는 필터 마스크도 있으니 마스크 쓰고 손 소독 잘하고 사회적 거리두기 하면서 역병 코로나를 물리쳐야 할 것이다. 그리고 남은 인생은 마스크 패션에서 얻은 생활의 지혜를 살려야겠다. 가능한 한 입을 닫고 꼭 필요할 때만 열면서 아름답게 사는 일 말이다.

마스크를 착용하고서 사람을 대면하니 자연적으로 말이 절제된다. 사회생활 하면서 가장 무서운 흉기는 혀를 움직여서 내는 말인데 마스크가 막아주는 기분이 든다. 방역 당국은 마스크를 쓰면 코로나19에 걸릴 확률이 5배나 줄어든다고 한다. 그래서인지 마스크를 착용하니 쓸데없는 말이 5배나 줄어든 기분이다. 팬데믹 역병을 방역하기 위해 불편하지만 서로를 위해 착용해야 하는 마스크 패션은 다양하다. 소통의 수단으로 변모해 가면서 정체성을 알리거나 개성이 담긴 각양각색의 마스크를 본다. 내 삶의 모습도 달라져서 한마디 말을 하더라도 남을 살리는 말을 하는 사랑스러운 모습으로 변해야 한다는 생각을 해본다.

입에서 소리로 내는 말이 나오는데 사회생활을 하면서 의사소통을 하는데 최고다. 소통하는데 최고인 만큼 한마디 내뱉는 말이 얼마나 중요한가를 알 수 있다. 때로는 이 중요한 말들을 난무하게 사용하여 남의 가슴에 상처를 주기도 하는데 마스크를 사용하니 쓸데없는 말을 덜 하게 되는 기분이 든다. COVID-19 바이러스 병균이 지구촌을 휩쓸면서 마스크를 쓰고서 맞대응하는 인간들에게 준 교훈이 있다면 겸손과 말조심하라는 것 같다. 생소한 마스크 패션이 생긴 것처럼 새로운 삶의 패션도 생겨날 수 있겠다. 입에서 함부로 튀어나오는 비말(飛沫)을 막아 남의 신체 건강을 지켜주기 위해서 마스크를 착용하듯이 함부로 튀어나오는 언어도 막아 남의 정신 건강도 지켜주는 계기가 되었으면 좋겠다.

 코로나19 위기를 극복하기 위해서 쓰는 마스크가 나에게 무언으로 삶의 지혜를 가르쳐 주고 있다. 지금까지 쓸데없는 말을 많이 하면서 살았는데 가능하면 말을 조절하면서 살아야겠다는 교훈을 얻는다. 무언의 교훈을 주는 마스크는 코로나 위기를 극복하면서 받은 참으로 귀한 선물이다. 새롭게 태어난 마스크 패션처럼 생활 패션도 달라져야겠다는 생각을 한다. 서로서로 입에 마스크를 착용하고서 역병을 막아내는 것처럼 아름다운 사회를 위해서 남을 해치는 말도 막아야 하리라. COVID-19으로 인해 새롭게 생긴 마스크 패션 문화 속에 살면서 아름다운 삶을 위한 생활 패션을 위해 노력하리라 다짐해 본다.

마누라 잔소리

에~잇! 마누라 없으면 못 살까 봐? 노인애는 마누라 잔소리가 머리를 때리는 순간 홧김에 문을 박차고 밖으로 나와 버린다. 쏴~아 살을 에는 찬바람이 온몸을 훑으며 스쳐 간다. 으~흐~ 추워! 부부싸움 할 땐 몸이 열나고 입에 거품이 일도록 물도 많았는데 밖으로 나오니 순식간에 찬바람이 물기를 빼앗아 가버려 입도 메말라 버리는 느낌이다.

살을 에는 찬바람이 희롱하듯이 외친다. "너의 마누라 잔소리가 너에겐 생명수란 것을 넌 몰랐니?" 나를 살리는 생명수가 마누라 잔소리에서 생성된다니~. 늦게나마 깨달은 노인애가 머쓱하게 웃는다. "여보! 재킷 입어야지~ 얼어 죽을 꺼요?" 또다시 뒤통수를 치는 마누라의 날카로운 소리가 가슴을 찡하게 하며 뜨거운 눈물방울이 핑! 돈다. 눈물은 내 몸의 세포를 살리는 생명수인데 마누라 잔소리에서 생성됨을 반세기가 되도록 나는 왜 몰랐던가!

〈나의 졸작〉 서사시: 마누라 잔소리

잔소리는 필요 이상으로 꾸짖거나 참견하는 말이지만 그 속에는 '사랑'이 담겨 있다는 것을 알면 고마움이 절로 날 일이다. 결혼해서 부부

생활을 하는 수많은 남자들은 마누라 잔소리에 못살겠다느니 마누라 잔소리에 대머리가 되었다는 등 푸념들이 많다. 마누라 잔소리가 싫은 정도가 너무 심하면 황혼이혼까지도 간다. 요즈음은 졸혼이라 해서 이혼은 안 하고 일찍 결혼생활을 졸업하고 자유스럽게 부부로 지내는 경향이 늘어나고 있는 실정이다. 앞으로는 잔소리가 듣기 싫어 결혼은 안 하고 동거만 하면서 살아갈 경향이 많아진다니 부부생활이 쉽지 않음을 말해주고 있음이다. 검은 머리가 파뿌리 되도록 행복하게 살라는 결혼 주례사도 멋이 없어져 가는 시대다.

마누라 잔소리도 시대에 따라 변해감을 볼 수 있다. 옛날 남존여비(男尊女卑) 사상이 강했던 시절엔 여자들의 잔소리는 거의 존재하지 않았다. 여자들은 안방에서 생활하고 남자들은 주로 사랑채에서 지내니 필요 이상의 접촉이 없는 만큼 잔소리할 필요가 있겠는가. 옛날에는 여자가 무슨 의견을 말하려 하면 대부분의 남자들은 "어~허, 여자가 무슨 말이 그리 많아~" 하면서 무시해 버리기가 일쑤였다. 현대는 남녀평등을 주장하면서 마누라 잔소리가 심해진 경향이다. 남자들은 한사코 부인들에게 "그만해! 듣기 싫어! 무슨 놈의 잔소리가 그리 심해~" 한다. 미래에는 "잔소리하려면 헤어지자~." 할 것 같다. 언젠가는 '마누라 잔소리'라는 말이 어색하게 들리게 될 날이 올지도 모를 일이다.

부부싸움 대부분은 잔소리 때문에 일어난다. 부인이 하는 소리가 듣기 좋은 소리면 잔소리라 하지 않는다. 자기가 듣기에 거북스럽거나 실행하기가 귀찮다고 생각할 때 쓸데없는 잔소리라 하며 싫어한다. 그러나 이 잔소리 속에는 염려하는 마음이 있음을 알아야 한다. 마누라가 한 소리 또 하고 같은 소리를 되풀이한다고 생각될 때는 왜 잔소리를 하는지 한 번쯤 생각해보는 지혜가 필요하겠다. 마누라의 잔소리 속에는 가장 아름다운 사랑의 모성애(母性愛)가 숨겨져 있음을 안다면 남편들은 화를 불쑥 내기보다는 감사해야 할 일이다. 마누라의 잔소리가 남편의 부족한 점을 보살피고 있음이다.

무슨 이유로든 부인이 곁에서 함께 살지 않으면 홀아비 생활한다고 말한다. 부인과 사별 후에 홀아비 생활하고 있는 남자들에게 부인 잔소리 듣지 않고 사니 마음 편하겠다고 해 봐라. 거의 많은 사람들이 손사래를 치며 아니라고 할 것이다. 제일 그리운 것이 마누라 잔소리라고 할 것이다. 바가지를 북북 긁어대는 마누라 잔소리가 그립다고 하는 사람이 많을 것이다. 마누라 잔소리가 사회생활 하는데, 부족함이 없도록 보이지 않게 돌봐주고 있음을 느끼는 순간일 것이다.

'잔소리'를 말할 땐 마누라 잔소리라고 하지 부인 잔소리라 하지 않는다. 지겹고 짜증스러운 일방적인 강요를 들으려니 싫은 것이다. 잔소리가 심하다고 느껴지면 욱하는 감정도 나올 것이고 급기야는 서로 언어폭력이 되고 이혼에 이르기도 한다. 부인은 애처럼 말을 안 듣는 남편에게 싫은 소리를 해야 하는 내 맘을 왜 몰라주느냐고 아우성이다. 남편은 잔소리 듣기 싫어하는 내 마음을 왜 몰라주느냐고 윽박지른다. 잔소리는 부부 관계 속에서 관심을 나타내는 방법인데 대화나 몸짓 등으로 소통이 잘 안 되어 일어나는 불상사다. 마누라의 잔소리가 있어 세포를 살리는 생명수를 공급받을 수 있다고 생각하면 마누라의 잔소리가 고마움이 될 텐데 말이다.

세계적으로 가장 유명한 악처, 잔소리쟁이는 고대 그리스의 철학자 소크라테스 부인으로 알려져 있다. "반드시 결혼하라. 좋은 아내를 얻으면 행복할 것이다. 악처를 얻으면 철학자가 될 것이다."라고 한 소크라테스는 아내에게 생활비 한 푼 가져다준 적이 없단다. 그러니 아이들 키우는 부인으로서 얼마나 잔소리가 많았겠는가. 집 앞을 지나가면서 제자들과 얘기만 나누는 남편에게 화가 난 부인이 들고 있던 항아리의 구정물을 몸에 끼얹어 버렸다는 일화도 있다. 세계적인 현모양처가 될 수도 있었을 텐데 가정도 돌보지 않는 철학자를 만나 세계적인 잔소리쟁이, 악처로 유명하게 되었다. 소크라테스는 마누라 잔소리가 무엇을 뜻하는지 알기나 했는지 모르겠다.

마누라 잔소리가 멎은 어느 날, 나의 남편은 자리에서 일어서지도 못하고 말았다. 내가 알아서 식사할 테니 염려 말라더니 그렇게 하지를 않아 일시적인 영양실조가 된 것이다. 또 다른 잔소리가 남편의 생기를 돋게 해서 몸이 회복되었다. 마누라 잔소리는 세포를 살리는 생명수임을 나의 남편 같은 노인애가 느끼는 날이 오기나 할까.

눈 째진 아이

아직도 귓가엔 보송보송한 솜털이 있는 눈 째진 아이가 거울 앞에서 고개를 갸우뚱거리기도 하고 흥겨운 듯이 키득키득 소리를 내면서 웃는다. 초롱초롱한 눈망울을 가진 미주 이민 3세인 아이의 모습이 얼마나 사랑스러운지 내 마음을 다 흡수해 가버리는 기분이다. 그 귀여운 모습에 살금살금 다가서면서 사진을 찍는 아이의 엄마는 이민 2세다.

미주 이민 1세로 사는 나에게 아주 귀중한 선물을 안겨준 소중한 딸이다. '눈 째진 아이'는 디아스포라 코아메리카로 사는 광야 같은 이민 생활에서 가장 먼저 내 가슴을 아프게 한 단어다. 눈 째진 딸이 거울 앞에 서서 자기 얼굴을 바라보며 정체성을 찾으려 울던 어릴 적 모습이 내 눈에 아물거린다. 지금은 이중성의 우울함에서 벗어나 눈 째진 한민족 3대가 즐겁게 웃을 수 있어 하나님의 은혜로 알고 감사할 뿐이다.

어느 날, 학교에서 돌아온 딸이 거울 앞으로 달려가 얼굴을 보더니 울기 시작한다. 갑작스러운 행동에 너무도 놀란 나에게 딸아이는, "엄마, 왜 내 눈은 째졌어?"라고 한다. 사연인즉, 좋아하는 친구와 놀고 싶은데 친구가 피하더란다. 그래서 붙잡고 왜 그러느냐고 물었더니, 자기는 함께 놀고 싶은데 엄마가 길게 눈이 째진 동양 애들과는 놀지 말라고 해서 놀 수가 없다고 하더란다. 사랑하는 어린 딸아이가 이 말을 들으면서 얼마나 마음의 상처를 입었을까 생각하니 심장의 피가 솟구쳐 오르는 것 같고, 진득한 액체가 목울대를 훑어내려 나는 아무 말도 할 수 없어 꼭 껴안아만 주었다.

딸아이는 맑은 공기와 초록빛 몬터레이 바닷물을 벗 삼아 자라서인지 청량한 넓은 가슴으로 사랑을 많이 품을 줄 아는 여고생이 되었다. '째진 눈'은 동양인을 비하해서 부르는 것임을 말할 수 있게끔 당당한 미주 한인 2세로 자랐다. 정체성 혼돈에서 벗어난 아이는 이 땅은 누구나 누릴 수 있는 자유가 있기에 인종차별 하는 것은 옳지 않음을 주위의 사람들에게 말하며, 자기 민족의 고유한 풍습은 간직하면서도 다민족이 조화를 이루어 살아가는 샐러드 볼(Salad Bowl) 세상이 아름다운 세상임을 강조하면서 고등학교 총학생회장이 되었다.

흑백 인종차별이 잠재해 있는 지역에서 황인종 눈 째진 여학생이 총학생회장이 되니 이 지역 뉴스감이었다. 이취임식장에서, 덩치 큰 백인 남학생인 전 회장과 포옹하면서 총회장직의 망치를 물려받는 조그마한 딸의 모습에 디아스포라 코아메리카로 살아오면서 처음으로 갖는 기쁨과 감격에, 나는 그냥 울어버렸다.

지금은 눈 째진 행복한 아이 엄마가 되어 이 세상을 밝고, 아름답고, 향기롭게 하는데 한몫을 하기 위해 후세를 키우고 있다. 나의 후세대이기도 한 거울 앞에서 재롱을 피우는 이민 3세인 눈 째진 아이를 지켜보는 나의 마음이 저절로 기도하는 마음이 된다.

반가운 편지

　반가운 편지 한 통을 받았다. 편지 한 통이 이렇게 고맙고 행복하게 하다니 놀랍다. 여느 때와 같이 열쇠로 편지함을 열었다. 편지 겉봉에 Fat Mat이라고 쓰여 있다. 나는 흔하디흔한 정크 우편물인 줄 알고 그냥 버리려다가 손글씨로 이름이 쓰여 있어서 편지 봉투를 열었다. 어엉? 나는 봉투에서 쏟아져 나오는 내용물들에 놀랐다. 손편지와 함께 우리 부부의 이민생활 이야기가 실린 2014년도 몬터레이 헤럴드 신문 쪽지가 함께 동봉되어 있는 게 아닌가. 물건 정리를 하다가 보관함에서 발견한 귀한 기사여서 보내준다는 사연과 함께, 너무도 반가운 편지다.
　편지(便紙)는 상대방에게 소식이나 용무를 전할 때 글로 쓴다. 현재는 첨단 영상매체가 있어 카톡이나 이메일로 바로바로 소식을 전하지만, 전에는 종이 위에 글씨를 써서 소식을 전했다. 인간관계는 소통으로 이루어진다. 편지는 직접 만날 수 없을 때 비대면으로 소통하는데 아주 좋은 대화의 통로가 아닌가 싶다. 대면해서 말하기엔 어색한 문제도 비대면 편지로 마음을 전하면 훨씬 효과가 있을 수가 있다. 나처럼 무채색인 사람도 편지를 쓰다 보면 정서가 살아나고 수수한 색깔도 나타내짐을 느낄 수 있다. 우체국에서 발행한 간단한 사연을 적어서 보낼 수 있는 엽서도 있다. 그리운 사람의 편지, 연인들의 보랏빛 엽서는 참으로 아름다운 정서를 준다.

　나의 학창시절에는 펜팔이라는 게 유행했다. 월남 파병이 한창이던 때는 군인들에게 위문 편지쓰기를 장려한 적도 있다. 기적 소리 슬피 우는 밤으로 시작해서 사그락사그락 낙엽 굴러다니는 소리가 쓸쓸한 가을날을 노래하고 있다거나 건강하게 귀국하시라는 편지를 썼던 추억이 아련한 그리움으로 남아 있다. 어느 날 내가 받은 편지가 누군가 뜯어본 것 같아서 알아보니 카운셀러 선생님이 편지를 점검한 후에 전해 주신다는 것이다. 사춘기 나이에 혹시라도 연애할까 봐 그런다나. 형식적인 위문편지를 주고받은 것이지만 그래도 지금은 흔들리는 시간 속에서 얼굴 모습도 또렷이 생각이 안 나는 사람들과의 인연을 생각해 본다. 펜팔 한 사람이 귀국한 후, 빵집에서 만났다는 얘기는 친구들 사이에 즐거운 대화거리기도 했다.

　지금은 사라진 그리운 명물 중의 하나가 길거리에 서 있던 빨간색 우체통이다. 곁을 지나갈 때면 괜스레 기분이 좋아지고 정다운 사람으로부터 편지를 받고 싶은 마음도 생겨 편지를 쓰고 싶게 만들기도 했던 빨강 우체통. 빨간빛 우체통 앞에서 정성껏 쓴 편지를 들고 서 있는 누군가의 모습은 낭만 그 자체이다. 행복과 그리움이 항상 가득 차 있을 것 같은 길거리에 서 있는 빨간색 우체통이 보고 싶다. 어딘가에서 다시 볼 수 있다면 얼마나 좋으랴. 만약 내 눈에 띈다면 나는 그곳에서 아리송한 사랑의 말들을 떠올리며 누군가에게 편지를 보내고 싶어 가슴이 떨릴 것만 같다.

　소중히 간직하고 있는 편지함 속에는 사람들의 이름이 편지 봉투에 쓰여 있다. 편지 한 장 쓰기 위해서 많은 시간을 생각하고 쓰고 또 지우고 몇 번이나 고치고 또다시 새 종이에 옮겨서 쓰던 시절이었다. 지금처럼 통신이 쉬운 시절이 아닌 옛날에는 국제전화 비용이 만만치 않아 나같이 외국생활을 하는 사람들에겐 편지를 사용할 수밖에 없었다. 편지를 써서 보내고 답장을 기다리고 하면서 서로의 사랑도 생각해 보고 그리움을 달래는 시간도 되었다.

 나에겐 귀한 우리 어머니의 손편지가 있다. 옛날 글씨체인 데다가 한 자에 다른 글씨를 붙여 뜻을 연결한 아주 읽기 어려운 글씨체다. 우리 어머니가 살던 시대에는 보통 여성들은 학교에 가지 않았다. 학교에 가서 신교육을 받은 여성들은 개화된 여성들이라 했다. 우리 어머니는 한문을 가르치는 서당 선생의 딸이셨다. 그래서인지 한문을 서당에서 가르치는 방법대로 하늘 천 따 지 하면서 외우고 쓰시던 기억이 긴가민가 난다. 한국전쟁 후, 어머니가 언문이라고 부르면서 한글을 배우러 다니시던 모습이 내 어렴풋한 기억으로 남아 있다. 내가 외국생활을 시작하자, 어머니는 그때 배운 한글로 나에게 편지를 쓰셨다. 어머니의 사랑이 담긴 정다운 편지는 메마른 광야에서 나를 살려내신 생명의 약이다. 나에게 사랑을 기도에 담아 보내신 어머니의 반가운 편지는 늘 나에게 인내와 삶의 생기를 주시곤 했다.

 함박눈이 많이 내리던 시절에는 우체부 아저씨가 우편물 가방을 어깨에 메고 외딴집까지 걸어서 편지를 배달해 주기도 했다. 구수한 산골의 향취가 온 세상을 덮을 땐 외딴집 노모가 눈물 콧물을 치마폭으로 닦으면서 객지에서 자식들이 보내 준 편지 내용을 들을 때다. 옛날에는 우체부 아저씨가 글을 읽을 줄 모르는 사람을 대신해서 편지를 읽어 줄 때도 있었다. 우체부 아저씨는 마을 사람들이 기다리는 반가운 사람이었다. 시골 마을에 우체부 아저씨가 들어오면 온 동네는 즐거움으로 떠들썩해지곤 했다. 누군가의 소식을 전해오는 편지는 모두에게 궁금증을 주기도 하고 해결하기도 하는 마력이 있는 시절도 있었다.

"말없이 건네주고~ 달아난 차가운 손~ 가슴 속 울려주는~ 눈물 젖은 편지…… 떠나버린 너에게 사랑 노래 부른다.~"

친필로 쓴 반가운 편지를 받고서 내 마음이 행복함을 느낀다면 나도 누군가를 행복하게 해 주는 방법이 있다고 생각하니 기쁘다. 누군가에게 내 마음을 전달해 줄 수 있는 말을 손편지로 써서 보내면 좋을 성싶다. 편지 쓸 종이와 볼펜을 찾는 내 귀에 70, 80년대에 열풍을 일으켰던 인기 듀엣 어니언스의 감미로운 노래, '편지'가 통기타 소리에 어우러져 들리며 나의 손을 멈추게 한다.

속상함에 숨은 행복

 속상했다. 하지만 지금은 행복하다. 속상함에 숨어 있는 행복을 찾아내서다. 한 그루의 나무를 두고서 내 어리석음 때문에 빚어진 일이 무척 마음을 상하게 했는데, 그 원인을 알고 해결한 후에 갖는 행복을 나는 지금 만끽하고 있다.
 빨간 열매를 맺으며 녹색 이파리 가장자리에 뾰쪽한 가시들이 돋친 성탄절을 상징하는 홀리(Holly)나무인 줄 알고 십 년이 넘도록 정성껏 키운 나무가 다른 종류의 나무였다니…. 아닌 것을 맞는다고 믿어온 나의 어리석음에 무척 속이 상해서 집 처마를 해칠 것 같은 나무를 톱질해 미련 없이 없애버렸다. 그리곤 그 자리에 빨간 선인장 화분을 놓았더니 얼마나 예쁜지 모르겠다. 결단 후, 속상함에 숨은 행복을 찾아낸 기쁨이 참으로 크다. 나는 엉뚱하게도 이 시간 꿈속에서 본 한 여인의 모습이 떠오른다. 수많은 사람에 둘러싸여 핼쑥한 얼굴로 초췌하게 나를 바라보고 있는 여인의 눈빛이 예사롭지 않다. 쓰러질 것같이 연약해진 여인은 아무도 부축하여 주지 않음에 무척 속이 상해 있는 느낌이 든다.
 성탄절 무렵에 흔히 볼 수 있는 홀리나무라고도 부르는 상록 관목인

호랑가시나무가 빨간 열매로 내 눈길을 사로잡곤 했다. 나는 성탄절을 상징하는 홀리나무를 우리 집 뜰에도 심고 싶었는데 마침 기회가 왔다. 어느 날 직장 주위에 있는 골목길에서 빨간 열매를 맺고 있는 홀리나무에 내 눈길이 멎었다. 커다란 나무 곁에 있는 꼬마나무를 발견하고서, 옮겨 심으면 살지도 모른다는 욕심 된 생각이 들어 뿌리째 뽑아 소중히 들고 와 뒤뜰에 심었다. 우연한 기회에 나와 인연을 맺은 꼬마나무는 삶의 터전이 옮겨졌는데도 좋은 흙과 물과 거름을 주면서 정성을 다했더니 차츰차츰 모습을 으스대면서 잘 자라기 시작했다. 내 꿈속에 나타난 그 여인도 우연한 기회에 인연이 된 친구 같은 여인을 곁에 두고 싶은 욕심이 생겨 함께 지내기 시작했을 거다.

　우리 집 좁은 뒤뜰에 심은 홀리나무는 날이 갈수록 튼튼해지고 삶의 지경을 넓혀가면서 자꾸만 내 눈길을 앗아갔다. 나는 해가 지날수록 홀리나무와 대화를 하는 게 기뻤다. 아름답게 자라서 빨간 열매를 맺으면 제일 먼저 성탄절 꽃꽂이하여 남들로부터 칭찬을 받고 싶은 소망이 컸다. 홀리나무와 나는 주위의 다른 꽃들은 아랑곳하지 않고 한마음이 되어 즐거운 시간을 보내곤 했다. 내 꿈속의 여인도 풍족한 환경에서 삶의 지경을 넓혀가는 친구 같은 여인을 만나 백옥주사니 뭐니 인공적인 예쁨이를 맞으면서 즐거운 시간을 보냈단다. 더욱더 예뻐져 뭇사람들의 칭송을 받고 싶은 여자들의 변신은 무죄라면서 만민에게 평등해야 할 법도 아랑곳하지 않았을 거다.

　나는 해마다 성탄절이 되면 홀리나무가 빨간 열매 맺기를 기다렸지만, 해를 거듭해도 열매를 맺지 않아 이상하다는 생각을 하곤 했다. 그러면서도 때가 되면 틀림없이 빨간 열매를 맺을 거라고 맘속으로는 굳게 믿었다. 왜냐하면, 나는 분명히 우람한 홀리나무 곁에서 꼬마나무를 손가락으로 캐 와서 심었기 때문이다. 꿈속의 그 여자도 내가 홀리나무일 거라고 믿은 것처럼 친구 같은 여인을 굳게 믿었을 것이다. 왜냐하면, 사랑하는 남자의 분신이었기 때문에 그랬을 거다.

우리 집 뒤뜰을 구경하는 방문객들은 자연스럽게 무슨 나무냐고 묻는다. 내가 설명하면 어떤 사람은 홀리나무가 아니라 옥(Oak)트리 같다고 한다. 나는 그럴 리가 없다고 완강히 부인했다. 심지어는 내 가족에게까지도 왜 내 말을 못 믿느냐고 쏘아붙이기까지도 했다. 내 꿈속에 나타난 여인도 진실한 친구가 아니라는 주위의 사람들 조언에도 나처럼 남의 말을 귀담아듣지 않았을 것이다. 심지어는 피붙이를 멀리해도 좋을 만큼 자기 생각이 완강했을 거다.

모든 진실은 결국 밝혀지기 마련이다. 내가 홀리나무로 알고서 십여 년을 키워 온 나무가 내 생각과는 다른 나무임이 확인됐다. 나는 내가 원하지 않은 나무를 좁은 뜰에 키울 필요가 없음을 깨닫고 없애기로 결심했다. 어느 날, 어느 사람의 도움을 받고 싶지 않아 나 스스로 톱을 쥔 손이 떨리고 있음을 느끼게 했다. 나무는 내 톱질에 난도 당하자마자 사납게 온 힘을 다해 피를 토해내면서 내 얼굴을 할퀴기 시작했다. 나는 너무 놀라고 무서워 엉덩방아를 찌면서 뒤로 넘어져 버렸다. 그리고 그 나무가 외치는 소리에 질려 꿈쩍할 수가 없었다. "야! 좋다고 함께 할 때는 언제고, 지금은 싫다고 나를 버리느냐?" 나는 사물을 잘 살피지 못한 나의 어리석음을 깊이 깨달았다. 꿈속에 나타난 그 여인의 얼굴을 생각해 본다. 친구 같은 여인과 잘못된 만남임을 깨닫고 너무 놀라서 넋이 나갔기에 얼굴이 창백할 거다.

이름을 확실히 알지도 못하고 구태여 알려고 하지도 않았던 나무와의 인연은 그것으로 끝이 났다. 나는 그 나무를 없앤 자리에 빨간 선인장꽃이 피어 있는 화분을 놓았더니 그 자리가 얼마나 예쁜지 내 마음을 시시때때로 앗아가고 있다. 나무를 베어내면서 무척 속이 상했는데 그 속에 행복이 숨어 있었다니 말이다. 사물을 잘 살피지 못한 내 어리석음으로 인해 받은 고통을 이겨내고 행복을 찾아낸 나는 기쁘다. 꿈속의 여인도 안 좋은 사람과의 인연을 미련 없이 청산하고 고통에서 벗어나 기쁘게 살았으면 좋겠다. 혹시라도 재외동포로 연약하게 사는 내 꿈속에 또다시 나타날 때는, 빨간 선인장 같은 가슴을 가진 아름다운 아이들의 사랑을 눈으로 즐기고 있는 모습이었으면 좋겠다. 속상함에 숨은 행복을 찾아 기쁜 나의 마음이 꿈에 나타난 그 여인에게도 임하기를 간절히 바라는 마음으로 나무 그루터기를 바라본다.

수국

 탐스럽다. 수국의 탐스러운 꽃송이를 보면 내 마음정원에도 풍성한 꽃이 피어남을 느낀다. 귀엽고 예쁜 작은 꽃송이들이 오밀조밀 뭉쳐 보름달처럼 둥글고 탐스러운 한 송이의 꽃을 피워내는 수국 꽃은 아름다운 공동체의 모습을 생각게 한다. 이 세상은 서로서로 어우러져 살아가야지 나 혼자만은 외로워서 살아갈 수 없다. 한 사람이 독야청청 살아가는 모습도 좋겠지만 비슷한 감성을 가진 사람들이 함께 어우러져 공동체를 이루며 사는 삶은 더욱더 풍성하게 보인다. 나는 탐스러운 수국 꽃 같은 공동체의 한 꽃봉오리로 활짝 피어나는 한 송이 작은 사랑스러운 꽃이었으면 좋겠다.

 방문을 여니 박스가 놓여 있다. 큰딸이 주문해서 배달된 예쁜 보라색 화분과 보라색 수국 꽃이다. 밖에서 본 적은 있지만, 방안에서 즐길 수 있기에 좋을 만한 아담한 크기의 흔하지 않은 보라색 수국을 보니 반갑다. 기쁜 마음과 함께 웬일인지 나의 눈앞엔 하얀색 탐스러운 수국이 아른거린다. 어린 시절 어느 날 등굣길 신작로 옆집 싸리울타리 곁에서 수줍게 피어난 하얀색 탐스러운 꽃이 내 눈에 띄었다. 내 가슴을 두근거리게 하며 걸음을 멈추게 한 꽃은 아름다운 수국 꽃이었다.

한 그루의 소담스러운 수국 꽃을 보는 재미에 흠뻑 빠져 시간 가는 줄도 모르고 그 자리에서 맴돌던 시절이었다. 그 시절은 자동차가 다니는 신작로 길에 먼지가 풀풀 날려 수국의 초록색 이파리에도 하얀 먼지가 켜켜이 쌓여 공존했었다.

지금은 영원세계에 계신 어머니는 항상 나에게 가르치셨다. 꽃은 피어난 그대로 보아야지 꺾으면 안 된다고. 그런데 어느 날 내가 수국 꽃 한 송이를 들고 어머니 앞에 나타나니 어머니는 눈을 동그랗게 뜨고 바라보셨다. "아~이~고, 예쁜 꽃이 시들어간다. 빨리 물에 담그자—" 하시면서 수국 꽃처럼 환한 함박웃음을 띠우시며 코 가까이 대고 향내를 맡으시던 모습이 추억 속에서 아른거린다. 내가 잘못해서 꽃 무더기 속에서 부러졌었는지 어머니께 드리고 싶은 마음에 꽃을 꺾었는지는 기억이 없지만, 어머니의 환하고 행복한 미소는 잊히지 않는다. 어머니는 나에게 어떻게 해서 꽃을 가져올 수 있었는지 묻지 않으셨다. 어머니가 흠향하시던 수국의 향기는 사랑의 향기 되어 지금도 내 가슴에서 퍼지고 있다.

나는 공동체 생활을 하면서 아름다운 조화를 이루며 살고 싶을 때는 사람들의 눈에 잘 띄지 않는 곳에서 커다란 이파리에 묻혀 소담스럽게 피어난 수국 꽃을 생각한다. 가끔 공동체 생활을 하면서 괜스레 잘난 척하는 사람은, 탐스러운 수국 꽃송이를 이루는 작은 꽃송이 속에서 비정상적으로 커다란 꽃송이 같아 눈에 거슬린다. 고개를 숙인 듯 함초롬히 피는 탐스러운 수국 꽃은 꽃송이마다 비슷비슷하게 피어야 아름다운 데 말이다. 인생살이는 가정이라는 공동체에서 시작하여

학교생활 직장생활 등 수많은 사회생활과 세계인류라는 공동체 생활을 서로 화합하며 살아가고 있다. 나는 공동체의 한 사람으로서 좋은 환경을 공유하며 행복하게 살기 위해 겸손의 미덕을 위해 얼마나 노력했을까. 사람들의 눈에 돋보이게 하려고 이상스럽게 커다란 한 송이의 수국 꽃 같은 행동은 하지 않았나 생각하니 나 스스로 부끄러워진다.

수국은 초여름에서 여름 중순까지 커다랗고 싱싱한 꽃을 피우는 탐스러운 꽃이다. 토양의 성분에 따라 꽃 빛깔이 달라진다는 수국은 매력적인 꽃이다. 어린 시절 내가 살던 고장엔 하얀색 수국뿐이었는데, 근래에는 빨간색, 분홍색, 보라색 등 여러 색깔의 아름다운 다양한 수국들이 나오고 있어 흥미롭다. 수국은 물을 많이 흡수하며 토양과 햇빛에 따라 꽃송이가 다르게 피는 조금은 까다로운 식물이다. 그래서인지 많은 사람이 여러 해 키우질 못하고 방치하기가 일쑤다. 나는 우연히 다 말라서 죽은 듯한 수국 꽃 화분을 이웃에게서 가져와 물을 계속 주었더니 사랑스러운 진분홍색 꽃을 피우기 시작하여 날마다 나에게 기쁨을 선사해 주고 있다. 내가 속해 있는 공동체도 작은 꽃들이 송이송이 싱싱하게 피어나 함박꽃 같은 소담스러운 꽃봉오리 피워내면 얼마나 좋을까.

작은 한 송이 한 송이가 모여 아름답고 풍성한 커다란 꽃봉오리를 만들어 내는 수국 꽃은 우리가 살아가는 아름다운 공동체 모습 같다. 서로서로 맞대고 의지하며 혼자서 튀지 않고 제자리를 지키는 사람들의 모습은 아름답다. 공동체 생활에선 자신이 먼저 건강하여 옆에 있는 사람에게 상처를 주지 않는 것이 가장 중요하지 않나 싶다. 작은 꽃송이 한 개만 상처가 나도 꽃의 아름다움이 사라지는 것처럼 한 사람만 상처를 받아도 공동체는 흠이 생긴다. 공동체를 이루며 살아가는 한 일원으로서 귀중함은 너나 나나 먼저 건강하고 겸손한 자세를 취해야 하지 않을까 싶다. 손바닥만큼이나 커다란 초록색 이파리들 사이에서 고개를 약간 떨어뜨린 듯 피어 있는 수국 꽃처럼 겸허한 자세로.

 작고 연약한 여러 송이의 꽃들이 서로서로 화합하여 보름달같이 둥글고 커다란 한 꽃봉오리를 이루는 수국이 오늘따라 더욱더 아름답게 보인다. 여리고 작은 한 송이의 수국 꽃 같은 나지만 귀중한 자리를 조화롭게 지키리라는 새로운 희망을 품어본다. 벙긋벙긋 피어나는 아름답고 풍성한 수국 꽃봉오리 같은 공동체를 이루기 위하여.

순자 언니의 웃음꽃

 순자 언니가 향기로운 웃음꽃을 피운다. 주름진 얼굴에 참으로 행복하게 보이는 웃음꽃이 활짝 피고 있다. 웃음꽃에서 풍기는 행복한 향기가 바다 너머에 사는 내 가슴으로도 스며들어 박하사탕처럼 화하게 퍼져간다. 순자 언니의 인생에서 이렇게 행복한 웃음꽃을 피운 적이 있었을까. 지금은 팔십 대를 바라보고 있는 할머니다. 아들 둘이 있는데 오십 대가 다 되어 가도록 총각으로 살던 첫째 아들이 드디어 혼인(婚姻)하게 된 것이다. 순자 언니의 웃음꽃은 성인 된 아들의 독립성을 존중하면서 오랜 믿음과 인내와 기도로 지켜 준 후 받은 축복된 행복이다.

 순자 언니는 나의 둘째 언니다. 5남 3녀, 팔 남매 사이에서 일곱 번째로 태어난 나는 첫째 언니와의 추억은 어렴풋이 생각날 뿐이다. 오래전에 세상을 떠나셨을 뿐만 아니라 일제 강점기 시대에 정신대로 끌려가는 것이 두려워 부모님께서 어린 나이에 결혼을 시켜서일 것이다. 둘째 순자 언니는 나와는 오빠 하나를 사이에 두고 있다. 참으로 아름다운 추억을 많이 공유하고 있는 언니다. 나를 사랑으로 돌봐주시던 늙은 어머니와 큰 새언니가 하늘나라로 가신 후에는 둘째 순자 언니가 나의 어머니 역할을 해 주고 있다. 지금도 냉동실에 홍시를 저장해 놓고 울 엄마처럼 나를 기다리고 있다.

　순자 언니와 비교하면 나는 모든 면으로 무언가 미숙한 데가 많아서 언제나 누군가의 손길이 필요하다. 몸과 마음이 강하지를 못하다. 우리 어머니 말씀대로 원기가 부족한 늙은 어머니한테서 태어나서 그런가 보다. 태어나서부터 늙은 어머니를 보고 자라서인지 어머니는 항상 불쌍하게만 보였기에 우리 엄마한테 맛있는 고기와 사탕 사드리는 게 나의 소원이었다. 늙은 어머니 대신 큰 새언니가 나를 애기씨라 부르면서 딸같이 보살펴 주셔서 행복한 유년기를 보낸 셈이다. 옛날 시골에서는 남아선호사상이 지배적이어서 여아들은 남아들 속에 끼어 있으면 관심도 두지 않았다. 우리 순자 언니가 그랬다. 모든 것을 남자인 오빠에게 또는 남동생에게 항상 양보하면서 살았던 셈이다.

　순자 언니는 일찍부터 생활전선에 뛰어들었다. 교복을 입고 학교에 다니는 친구들을 보면서 남모르는 서글픈 눈물을 많이 흘렸지만, 빈약한 시골생활은 언니의 배움에 대한 갈증을 없애 주질 못했다. 형제들을 사랑하기에 형제들을 위해서 자기의 소원마저도 기꺼이 양보하면서 살았다. 정이 많아 늘 주위의 사람들을 돌봐주는 헌신적인 삶을 살았다. 한국전쟁 이후 폐허 된 땅에서 잘 살아보자는 새마을 운동이 전개될 무렵 순자 언니는 독립을 선언했다. 자기의 인생을 성공적으로 끌기 위해서 시골에서 전깃불이 반짝이는 서울로 상경한다. 그 당시에 한창 붐을 일으키던 양재기술을 배워 남의 가게에서 혹한 추위에 이불도 없이 생활하면서 험한 세월을 이겨냈다. 그리고 끝내는 가게도 갖고 좋은 신랑 만나 결혼도 하게 되었다.

순자 언니는 항상 인생의 주인공은 자신이기 때문에 누구도 내 인생을 살아 줄 수도 없고, 나도 남의 인생에 관여할 수 없다는 철저한 인생관을 가지고 있다. 학교 교육을 제대로 받지 못한 사람도 행복할 권리가 있다며 혼자서 그림도 그리고 책도 많이 읽고 양재기술도 배우고 하면서 인생의 독립성을 확보해 나간 것이다. 그러면서도 가족들의 문제가 있으면 해결사 노릇을 했기에 순자 언니의 손을 거치지 않은 사람이 없을 정도다. 시집도 십 남매의 장남과 결혼하여 시집 동생들을 다 뒷바라지해 주었으니 그 많은 고난의 인생사를 어떻게 표현하랴. 공부밖에 모르는 남편의 유학 시절 대가족의 생계를 도맡아 짊어지고 살면서도 베풀며 헌신의 삶을 살았던 언니다. 이제 남은 인생은 기쁨과 행복으로 꽃길만 걸으실 것이라고 주위 사람들은 한결같이 말한다.

순자 언니는 아들만 둘을 두어 부모들의 세대와 자녀들 세대의 결혼관이 다름을 인식하고 아들의 의견을 잘 존중해 주었다. 결혼은 성인의 통과 의례로 개인과 가족들의 중요한 연결고리를 가지고 있다. 구식인 부모들 시대는 결혼 적령기가 되면 누군가에 조금은 끌려서 하는 중매결혼을 하는 경우가 많았다. 현대 젊은이들은 결혼관이 많이 바뀌고 개성이 강해서 자기들이 원하는 사람이 아니면 혼자서 평생 살아도 좋다는 경향이 많다. 그래서 혼밥시대라는 신조어가 나오고 원룸 아파트 무결혼 시대를 선호하는 경향이 많다. 현대 젊은이들이 한국의 독특한 결혼문화를 바꾸어 가고 있다. 순자 언니는 결혼관이 시대에 따라 변하고 있음을 인정하며 아들의 자존감을 지켜 줘 아들의 마음을 잃지 않은 현대적인 엄마다.

순자 언니는 보통 어머니들처럼 모든 어려움을 아들 둘 키우는 재미로 이겨냈다. 특별히 큰아들은 소학교 때부터 전교 일등과 반장, 학생회장을 놓치지 않았으며 일류대 법학대학원 법조계 유망주로 꼽히고 있다. 성인인 자기 인생을 지켜봐 달라고 하더니 마침내 꿈을 이룬 후 늦총각이 결혼하게 되었다. 신부도 자기 인생길을 책임지면서 주인이 되어 살아가는 옹골찬 노처녀. 참으로 아름다운 원앙의 한 쌍이 태어난 셈이다. 코로나19 팬데믹으로 힘든 한 해를 보내면서 모든 어려움을 이기고 결혼에 성공한 부부. 순자 언니에게 웃음꽃 피우게 한 신혼부부에게 사람들은 칭찬이 자자하다.

 순자 언니는 아들의 독립성을 존중해 주면서 사랑과 기도 그리고 오랜 인내 후에 축복받은 행복한 웃음꽃이 활짝 피고 있다. 언니의 웃음꽃 향기가 바람에 실려 와 바다 건너에 사는 나의 가슴까지 향기롭게 한다. 순자 언니는 웃음꽃을 피우면서 자녀가 혼기를 놓치고 있어 고민 많은 부모들에게 위로의 말을 하고 싶단다. 인생의 주인공은 바로 자신이기에 성년 된 자녀들의 독립성을 존중해 주고 조금 더 믿고 인내로 기다려 주시라고.

시인이여, 아프지 마오!

 시인(詩人)이여, 아프지 마오. 나는 시인의 노래가 참 좋다오. 기쁨과 평화와 행복을 주는 당신의 싱싱한 시에서 나는 삶의 의욕을 느낀다오. 어제도 오늘도 내일도 당신의 가슴속에서 솟아 나오는 아름다운 한·영시의 음률 속에서 사는 게 나의 행복이라오.
 시인은 인생의 희로애락(喜怒哀樂)을 정제된 단어로 아름답게 표현하는 마력이 있는 사람이어서 좋죠. 나는 당신이 한·영 시인이라는 명칭을 받던 날 좋아서 덩실덩실 춤을 추었죠. 평생토록 지켜온 신앙과 지성과 감성을 주로 해서 시어를 낚아내어 한 편의 시로 표현하는 일은 그리 쉽지 않은 일임을 압니다. 더구나 국제언어인 영어로 통역해 내는 일은 아무나 할 수 있는 일이 아니어서 더욱더 귀하게 여겨집니다. 한·영시로 한국민의 정서를 국제적으로 알리기 위해서 노력하는 모습에서 당신의 아름답고 향기로운 자긍심을 느낍니다.
 누군가가 말했듯이 꾸밈없고 편안한 파자마 같은 순수한 시를 쓰면서 인생을 노래하는 시인이여 아프지 마오. 더 많은 시간을 즐거운 노래로 이 세상을 찬양하며 하나님께 영광을 올려야 할 시인이잖아요. 시인은 영혼도 육체도 건강해야 좋은 생각이 떠오르겠죠. 부디 심신이 건강해서 또 다른 영토를 향하여 시심을 불태워 주세요. 《나만의 시》가 두 번째 한·영 시집으로 나오게 되어 얼마나 기쁜지 모르겠습니다. 이 시집이 출간되게 된 것은 온전히 하나님의 사랑과 은혜라고 고마워하시는 모습은 아기천사의 모습을 보는 느낌입니다.

정직한 시인이 쓴 시를 내가 좋아함은 시 한 구절이 단단히 굳은 삶의 옹이도 녹일 수 있는 은근한 힘을 가지고 있기에 그렇답니다. 시인은 진리를 말하고 자연을 사랑하고 사람들을 아끼는 시를 쓰고 있어 함축된 한 소절에서 아름다운 세상을 볼 수 있어서 좋지요. 온 정성과 심혈을 기울여서 쓴 한 편의 한·영시에서 희망을 얻고 앞날의 비전을 보고 한국민의 굳건한 정신을 보게 되지요. 풍성한 삶을 소망하며 풍성한 정을 나누고 싶어 하는 심정이 글로 녹아 나오고 있는 당신의 한·영시는 풍성한 사회가 이루어질 때까지 계속되어야 하겠습니다.

시인은 슬픔과 아픔을 영혼의 눈을 떠서 아름답게 글로 승화시켜 남에게 위로와 치유를 줄 수 있는 사람이어서 좋아요. 보이지 않는 시의 힘은 참으로 커서 한 인간의 생애를 서정시 한 편으로 변화시키기도 하죠. 자연과 인간을 조화시켜서 아름다운 시 세계를 형성해 내는 시인은 마법사 같기도 해요. 일상생활에서 일어나는 평범한 일들을 시로 담아내는 시인이어서 미주 이민 1세로 살아온 정서를 담은 시는 역사적인 한·영시가 될 겁니다. 귀한 한·영시로 과거와 현재와 미래를 이어가고 있는 시인이여 남은 인생도 누구나 안식을 취할 수 있는 시를 써 주세요. 이 지구촌 사람들의 행복을 위해서요.

사랑이란 이름으로 서정시 한 송이 피워 사람을 행복하게 하는 시인이여 누구나 시인이 항상 건강하길 바란다오. 날숨과 들숨 사이에 그대 사랑의 향기 있기에 안정되고 행복한 삶을 누릴 수 있어 좋지요. 시인은 모두가 따뜻한 동행을 할 수 있도록 지혜로운 언어 하나를 생각해 내기 위해서 수많은 시간을 생각에 잠기심을 알지요. 시인의 노력이 있기에 누군가는 자유를 누리고 기쁨을 느낄 수 있지 않을까요. 시인이 한·영으로 쓰는 한 줄의 아름다운 서정시는 독자들의 가슴을 촉촉이 적시는 사랑이 되지요.

누구도 모방할 수 없는 개성적인 작품성을 지닌 순수한 시어에 삶의 역사를 담아내는 시인의 운율에서 풍요로움을 느껴요. 우주의 넓은 공간의 자유와 평화를 시 한 줄에 함축시키는 당신 시의 마력에 넋을 잃습니다. 긴 세월 걸어온 삶의 무게를 견디다 못해 넘어져서 발목이 다쳐 버렸지요. 지팡이에 몸을 의지하고 걸으면서도 나만의 시를 읊조리는 당신은 참으로 장한 시인이에요. 이웃 사람들에게 기쁨을 주기 위해서 자기의 아픔을 속으로만 삭이고 마는 당신의 마음을 한 편의 시로 표현할 수 있기에 다행이라는 생각을 해 봅니다.

현대는 백 세 시대랍니다. 의학이 발전함에 따라 생명이 연장되어 백 세까지는 거뜬히 산다는 말이죠. 세상에서의 행복 숫자는 "9988234"라는 말이 있는데, 구십구 세까지 팔팔하게 살다가 이틀 앓고 삼 일째 죽는 것이 행복한 인생이라는 의미랍니다. 이 행복 숫자대로만 살아도 꿈과 비전을 가지고 열심히 살 수 있는 나이니 얼마나 감사하오.

남은 시간이 더 중요하니 아무쪼록 감성이 메마르지 않은 아름다운 시심으로 영원을 바라볼 수 있는 한·영시를 쓰며 행복하게 살기를 기도하오. 그리하여 주위 사람들도 생명력 있는 시와 더불어 행복한 인생을 살도록 하소서. 이 시간 사랑하는 한 독자의 간절한 소망을 말하리라.

시인이여! 아프지 마오~

쌀밥

 쌀밥처럼 좋은 게 있을까. 쌀밥을 먹을 때마다 기쁘고 행복하다. 늘 먹는 쌀밥인데도 끼니때가 되면 또 쌀밥을 짓는다. 삼시 세끼 쌀밥을 먹어도 물리지가 않고 맛있다. 배가 고파서 다른 음식을 먹었어도 끼니 때 쌀밥을 먹지 않으면 어쩐지 허허로운 기분이 든다. 옛날에는 쌀이 귀해서 잡곡밥을 많이 먹었고 현재는 건강식이라 해서 잡곡밥을 먹는다. 그러긴 해도 나는 쌀밥이 제일 좋다. 사람들은 나를 촌스럽다고 하지만, 어쩌랴~ 나는 쌀밥이 최고로 좋은걸~. 쌀밥 한 그릇 맛나게 먹고 나면 이 세상의 평온과 행복이 넘쳐남을 느낀다.

 나는 농부의 딸이어서 쌀이 얼마나 귀한 줄을 안다. 쌀 한 톨이 생기기 위해선 우리 부모님 그리고 수많은 어르신이 얼마나 고생하는지를 가슴 아프게 바라보면서 어린 시절을 보낸 나다. 한 톨의 쌀이 생기기까지 얼마나 많은 우주의 기운과 사람들의 수고가 있었는지를 생각하면 거룩한 생각이 들 정도다. 쌀밥 한 그릇을 먹기까지는 수많은 사람의 노고가 깃들어 있다. 쌀은 벼가 정미소에서 도정과정을 거쳐 생긴 것이다. 껍질이 벗겨지기 전엔 '벼'라 부르는데 내가 자란 곳에서는 '나락'이라고도 부른다. 일 년에 일모작 하던 벼농사가 지금은 이모작, 삼모작까지도 할 수 있다니 새로운 농사 기술이 놀랍다.

　벼에 대한 기록이 경이롭다. 세계최초 벼농사는 한반도라고 《고고학개론서》에 기록되어 있다. 1994년 충북 청원군 옥산면 소로리 구석기 유적에서 방사선탄소연대 측정으로 1만 3천~1만 6천 년 전으로 추정되는 볍씨 11톨이 출토되어 2016년 국제고고학회에서 벼농사의 기원을 한국으로 규정했다. 우리나라는 벼농사의 긍지를 살려서 1972년부터 한국은행 동전에 벼 이삭을 도안해 논벼 농사의 기원지가 한국임을 기념했다. 우리 아버지는 이 세상에서 가장 예쁜 꽃은 아주 작아서 겸손하게 보이고 귀티나며 하얗게 며칠만 피는 '나락꽃'이라 하셨다. 그리고 집은 우리가 사는 볏짚으로 지붕을 덮어 포근한 초가삼간이 세상에서 가장 아름다운 집이라고도 하셨다. 그만큼 벼에 대한 애착이 크셨던 것이리라.

　농부인 아버지는 이른 봄 전부터 벼농사를 위해서 좋은 볍씨를 정성스럽게 고르는 작업을 하신다. 볍씨를 며칠간 깨끗한 물에 담가서 또다시 좋은 볍씨 고르는 눈길과 손놀림을 한알 한알을 스치며 정성스럽게 하신다. 볍씨들을 모판에 붓고 싹이 나고 자라기 시작하면 농사법 순서대로 벼가 누렇게 익어 수확할 때까지 우렁이 기어 다니는 논두렁과 논에서 사신다. 벼는 씨를 뿌려 수확할 때까지 농부의 발소리를 듣고 자란다는 말이 헛소리가 아니다. 그만큼 농부의 정성과 사랑이 있어야 한 알의 쌀이 태어남이다. 한 톨의 쌀 안에는 농부의 온갖 수고와 정성, 햇빛과 물, 기온 등 우주의 모든 기운이 합쳐져야 한 톨의 쌀이 생산될 수 있다. 다랑논은 적당한 시기에 비가 안 오면 양동이로 둠벙에서 물을 퍼 날아가면서 모를 키우기도 한다. 하늘의 도움과 보이지 않는 누군가에게 기도하면서 벼농사를 짓는 농부의 지혜와 기다림의 응결체가 쌀이 아니겠는가 싶다.

쌀의 종류도 많다. 멥쌀, 현미쌀, 찹쌀… 비상식량으로 쌀이 완벽히 익기 전에 미리 벼를 훑어 삶아서 말린 후 찧어 만든 씹을수록 아주 향기롭고 감칠맛이 나는 올벼쌀도 있다. 쌀 종류나 곡류 종류 또는 요리 방법에 따라서 흰밥, 보리밥, 김밥, 가마솥밥, 냄비밥, 무쇠밥… 수많은 이름이 붙여진다. 쌀로 온갖 먹거리를 만들어 내지만 주식은 역시 쌀밥이다. 밥그릇에 수북이 담겨 있는 고봉밥이나 밥통 속에 들어 있는 쌀밥은 어머니의 사랑이 듬뿍 담긴 젖통과 같아서 언제 먹어도 배부르고 무궁해다. 쌀에 적당한 물을 붓고 불에 익히면 쌀밥이 된다. 밥을 지을 때는 정성을 다해야 한다. 쌀밥을 변형시켜 식감에 따라 여러 종류의 밥을 만든다. 비빔밥, 김치밥, 잡곡밥, 김밥…… 기본재료인 쌀로 수많은 종류 이름의 맛있는 밥들이 만들어지고 있다.

쌀밥은 힘이다. 몸이 아파 일상생활이 힘들고 입맛이 없을 땐 고슬고슬하고 뜨끈한 쌀밥 한 그릇만 맛있게 먹으면 살 수 있겠다는 생각을 한다. 나의 유년 시절은 한국전쟁 후 폐허가 된 땅 위에서 살았다. 배고픈 시절을 살아온 우리들의 시대는 윤기가 자르르 흐르는 흰 쌀밥 한 그릇 먹는 게 소원인 사람들이 많았다. "밥 먹었느냐?"가 보통 사람들의 인사이기도 했다. 지금이야 시대가 변해서 쌀밥 한 그릇에 연연하는 사람들이 얼마나 있겠느냐만 그래도 지구촌 어딘가에서는 쌀밥 한 그릇 먹어 보기를 소망하면서 살아가고 있는 사람들이 있음을 안다.

쌀은 현대인들의 주식이다. 서구사람들은 밀가루 음식인 빵을 먹는 사람들도 많지만, 아시안 사람들 대부분은 쌀밥이 주식이다. 주로 전분이지만 사람의 생명을 지탱해 가는 각종 영양소가 듬뿍 포함되어 있어 온몸의 세포를 살리게 한다.

　쌀을 팔아 학비를 마련해야 하는데 육성회비를 못 내서 학기말 시험도 못 보고 학교 운동장 뜨거운 햇볕을 받으며 집으로 힘없이 발길을 돌리던 내 모습이 떠오른다. 운동화 밑창에 구멍 뚫려서 비 오는 날은 물이 새어 들어와도 새 운동화 사달란 말을 부모님한테 할 수 없었던 시절이 있었다. 지금이야 현대적인 농기구들이 개발되어 쌀에 숨겨진 돌까지도 걸러내는 기계가 있지만, 옛날에는 거의 다 손으로 농사지었다. 호미, 괭이, 삽, 쟁기, 낫… 옛날 농기구들과 함께 힘들게 농사를 지으시던 부모님과 지금도 농사를 짓고 있는 농민들의 안타까운 마음이 내 가슴을 저리게 한다.

　평상시엔 아무런 생각 없이 대했던 쌀밥이 이 순간은 나를 경건하게 한다. 나는 쌀밥을 먹게 한 모든 것들에 감사함으로 저절로 고개가 숙어진다. 눈물 속에 어리는 쌀밥과 농촌의 풍경이 나를 어린 시절로 이끌고 있다. 쌀밥은 피요, 생명이고 행복이다. 온 우주의 기운과 수많은 사람의 정성과 사랑이 깃든 맛있는 쌀밥보다 더 좋은 게 있을까.

숭늉을 끓이는 여자

숭늉을 끓인다. 숭늉은 밥솥 바닥에 눌어붙은 누룽지에 물을 붓고 끓여 만드는 음료수다. 누룽지를 넣고 만든 숭늉은 아주 특이하게 구수한 향과 살짝 달콤함을 느끼게 하여 미각과 후각을 즐겁게 한다. 요즈음 나는 보글보글 숭늉 끓이는 시간이 부쩍 많아졌다. 돌솥에 밥을 지을 때 타다닥 타-닥 소리가 들리도록 가스불에 올려놓고 생각은 세월의 추억여행을 한다. 한참 동안 아름다운 여러 곳을 돌아다니다 보면 구수한 밥 냄새가 나고 한참 있으면 약간 타는 듯한 누룽지 냄새가 난다. 그러면 나는 빨리 밥을 퍼내고 바삭바삭하고 노릇노릇한 누룽지에 물을 부어서 끓인다. 나는 오늘도 고유한 우리 음료수인 숭늉 끓이는 여자가 되어 행복한 시간을 보내고 있다.

숭늉은 한민족의 고유 음료다. 요즈음 나는 우리의 자랑거리인 건강음료 숭늉을 보급하여 숭늉 문화를 만들어 가는 데 노력하고 싶어진다. 1980년대 전기밥솥이 보급되면서 숭늉이 점차 잊혀 가고 있지만, 그전에는 식사 후엔 숭늉을 마시는 것이 일상적인 일이었다. 숭늉은 건강식 천연 음료다. 불에 팔팔 끓이니 박테리아 등 몸에 해로운 미생물이 없어서 좋고 곡류를 끓인 물이어서 영양가가 있는 건강음료여서 좋다. 내가 어렸을 때는 늘 먹던 음료다. 앞으로는 나뿐만 아니라 지구촌 사람들도 즐겨 마시는 건강 음료가 되었으면 좋겠다.

숭늉에 대한 재미있는 이야기가 생각난다. 개화기에 외국선교사들이 우리나라에 들어와 생활습관을 관찰하기 위해 어느 대관 집에서 점심 식사하는 모습을 보게 되었다. 백의민족이라 흰옷을 입고 갓을 쓰고 점잖게 발을 접고 대청마루에 앉아 있는 시아버지 앞에 예쁜 새 며느리가 공손히 밥상을 갖다 놓는다. 밥상을 놓은 후 얼마 있다가 며느리가 숭늉을 밥상에 놓는다. 밥을 먹던 시아버지는 밥을 숭늉에 넣어 후후 뒤적이더니 밥을 건져 먹는다. 관찰하는 선교사는 속으로 생각한다. 흰옷을 선호하는 조선 사람들이라 음식도 참으로 깨끗하게 먹는다. 깨끗한 밥을 또다시 씻어 먹다니~ 이런 생각을 하는 찰나에 시아버지는 밥그릇을 손에 든다. 잠시 머뭇거리다가 밥알을 씻은 물을 꿀꺽 꿀꺽 들이켜는 모습을 보고서 선교사는 무릎을 탁- 쳤다는 얘기다.

나는 맹물을 잘 마시는 사람이 아니다. 어린 시절을 보낸 우리 동네는 물이 귀한 시골이었다. 공동우물이 두 개 있었는데 하나는 우물이 너무 깊고 소금기가 있어 특별한 시기가 아니면 사용하지 않았다. 우리 집 흙담을 반절쯤 돌면 있는 낮고 둥근 우물은 물맛이 좋은데 물이 잘 나오지 않아 두레박으로 물을 퍼 올릴 때 반절만 차도 기분이 좋았었다. 더군다나 가뭄이 심한 여름철에는 더욱더 물이 귀해 한나절에 모래알이 섞인 물을 조금씩 두레박으로 퍼 올려 우물가 물통에 부어 모래알을 분류했다. 내가 초등학교 시절에는 학교에서 돌아오면 내게 주어진 임무였다. 물이 귀하니 우리 집엔 항상 커다란 물그릇이 몇 개 있어 물을 부어 놓고 사용했다. 우리 집은 언제나 끓인 물을 마셨고 맹물은 별로 마시지 않았다. 더군다나 나는 조금 허약한 부분이 있어 어머니나 새언니는 고소한 숭늉이나 국물을 마시도록 해서인지 지금도 맹물을 마시는 데 익숙하지 않다.

숭늉을 끓이는 여자는 과거는 아름다운 추억만 생각하고 미래는 희망 있는 일들만 생각하니 현재가 감사하고 즐거울 수밖에. 지금 숭늉을 끓이는 여자는 창조주 하나님을 맘속에 모시고 사니 어떤 삶을 살아도 행복한 여자라는 생각을 한다. 실제의 나의 삶을 돌아보면 행복은 순간이고 고난과 염려가 끊이지 않은 일생이다. 희생과 봉사가 필요한 신앙생활을 평생토록 하는 일은 결코 쉬운 일이 아님을 나는 갈수록 더욱더 느낀다. 나는 미주 이민자 1세로 어려운 환경에서 내일의 희망을 바라보며 성실히 살아온 사람이다. 더구나 나의 전문직업은 희생과 사랑을 바탕으로 하는 인간의 생명을 다루는 직업이다. 그래서인지 내 혈관을 흐르는 핏속에는 정서를 안정시켜야 할 호르몬이 많이 흐르고 있다. 이 시간은 내가 삶의 보람을 느끼며 숭늉을 끓이는 여자로 하나님이 주신 축복의 행복한 선물에 감사하고 있다.

딩동~

도어벨이 울린다. 수경 집사가 맛있는 음식을 문 앞에 갖다 놓았다는 신호일까, 아니면 딸이 보낸 우편물이 온 걸까. 문만 열면 뜻하지 않은 보물들이 있는 방문을 향해 눈과 귀를 돌린다. 어떤 때는 꽃나무가 놓여 있고 어떤 때는 채소가 놓여 있기도 하고 어떤 때는 기쁨을 주는 소포가 놓여 있기도 하여 나는 우리 집 방문 앞을 보물창고라 부른다. 우리 고유의 음료수인 숭늉을 끓이는 여자가 행복한 이유는 함께 더불어 사는 사람들이 있어서일 거다. 누구일까 궁금해하고 있는데 또다시 벨 소리가 울린다. 나는 스토브 불을 끄고 방문으로 향한다.

딩동~ 딩동~~

즐거운 원평시장

　생각만 해도 즐거워지는 원평시장이 있다. 전북 김제시 금산면 원평리에 있는데 전주시에서 정읍시를 잇는 중간쯤에 원평 정류장이 있는 곳이다. 신작로를 따라서 정읍 쪽으로 가다가 오른쪽으로 빠져 논길을 걸으면 정읍군 감곡면 계룡리, 내가 태어나고 자란 곳이 나온다. 원평시장 삼거리는 신작로에서 옆길로 길게 빠져 가다가 두 갈래 길로 나누어지면서 오일장을 이루는 곳이다. 나는 전통 상설 시장인, 원평시장 삼거리를 생각하면 괜스레 기분이 즐거워진다. 원평시장 삼거리를 지나다니면서 나의 소녀 시절의 꿈이 커갔고 지금도 그 하늘 위로 새 꿈이 너울대고 있다. 동학농민운동의 집강소며 1919년 기미년 독립만세 운동이 김제시에선 처음으로 일어난 곳이어서 그럴 것이다. 즐거운 원평시장은 선조들의 애국심을 품고 한국의 전통문화가 차고 넘치는 우리나라에서 영원히 보존해야 할 참으로 귀한 오일장 재래시장이다.
　신작로를 낀 원평시장 입구 삼거리는 가장 북적이는 곳이다. 삼거리엔 항상 번데기 파는 아줌마가 번데기를 볶고 있다. 번데기는 생김새는 징그럽게 생겼어도 영양분이 많으며 고소한 맛과 냄새가 좋아 시골 사람들의 영양제라 부른다. 옆으론 냉이, 쑥, 달래 등 각종 나물을 담은 나물 바구니가 즐비하고 나물 파는 아줌마들의 덤으로 주는 시골 인심이 듬뿍 묻어나는 곳이다. 한쪽으론 뻥튀기 아저씨가 "귀 막으시오! 뻥~ 이요~" 큰소리로 외치면서 쌀보리 강냉이 등 각종 튀밥을 튀겨 낸다. 엿장수 아저씨는 커다란 무쇠가위를 철컥거리며 사람들을 모으면서 가끔은 엿장수 맘대로 널따란 엿판에서 엿을 조금 떼어 옆에 있는 사람들에게 맛을 보이기도 한다. 원평시장은 아름다운 시골 향기가 차고 넘치며 정으로 더불어 살아가는 사람들의 활기찬 생활 장소다.

복잡한 시장 안을 빠져 나아갈 쯤이면 넓은 광장이 나온다. 거기엔 돼지우리를 해 놓고 돼지를 파는 사람과 음~메 하는 소를 경매하는 사람들이며 줄들로 다리를 묶인 닭들이 푸덕거리며 꼬꼬댁거리는 소리로 소란스럽다. 한쪽으론 옷장수가 널따란 천보자기 위에 놓인 옷가지들을 손으로 들어 올리며 "값싸고 좋은 옷 사구려~"하며 헌 옷이나 구호물자 같은 옷들을 파는 소리로 시끌벅적하다. 다른 쪽에선 천막을 쳐 놓고 서커스 공연이 있다고 사람들을 부른다. 이 서커스 공연은 사람들에게 보고 싶은 유혹에 사로잡히게 할 때가 잦았다. 어떤 사내아이들은 천막 밑으로 기어들어 가다가 들켜서 엉덩이가 까지도록 두들겨 맞기도 했다. 어쩌다 학교에서 단체로 보던 서커스는 참으로 신기했다. 옷 속에서 비둘기나 계란이 나오기도 하고 입속에서 보자기가 나오기도 하는 마술사 아저씨. 코끼리들의 묘기, 예쁜 소녀나 아저씨가 아슬아슬하게 외줄을 타면서 하는 절묘한 묘기가 신기할 뿐이다. 장터 끝부분 시냇가에 있는 커다란 고목 너머로 멀리 바라만 보아도 생기가 솟아 나온다는 모악산이 보여 정취를 이룬다.

원평 삼거리에서 전주시 쪽으로 가는 신작로를 따라 걸으면 길가에 대장간이 있다. 시뻘건 용광로 불에 무쇠덩이를 달구어 호미나 곡괭이 등 원하는 모양의 농기구나 각종 연장을 만드는 곳이다. 잠시 걸음을 멈추고 장인정신으로 농기구를 만드는 대장장이의 모습을 구경하면 재미가 있다. 조금 지나면 얼굴엔 하얀 가루로 범벅되어 있고 머릿수건을 쓴 아줌마가 가끔 바깥 공기를 쐬는 방앗간 집이 나오고, 한참을 걸으면 내가 다닌 원평초등학교가 나온다. 나는 이 세상에서 가장 배려심과 사랑이 많은 원평초등학교에 다녔음을 자랑으로 삼고 있다. 학군이 다른데도 학교에서 공부할 수 있도록 배려해 주고 졸업장까지 받을 수 있게 하였기에 오늘의 내가 존재할 수 있어 고맙기가 한량없다.

평소에는 듬성듬성 있는 상인들이 오일장이 되면 우르르 몰려오고, 다양한 사람들이 서로 만나기 위해 너나 나나 몰려들면 원평시장은 왁자지껄 소란스러워진다. 한두 사람에서 여러 사람이 모여들면 사람 사는 냄새가 풍기고 그야말로 북적대며 신이 나고 즐거운 날이 된다. 많은 사람은 원평장날에 만나 그동안 못했던 가족 이야기도 하고 남자들은 막걸리 한 잔을 하면서 즐기기도 하고 여자들은 붉은 팥죽을 먹으며 덕담을 나누기도 한다. 전주에서 정읍으로 왕래하는 버스가 원평정류장에서 멈추면 사람들은 오르내리고 움직일 수도 없을 정도로 터질 듯 짐짝처럼 사람을 태운 만원 버스는 오라~잇! 하는 여차장의 소리와 함께 덜컹덜컹 소리를 내며 떠난다. 많은 사람이 오고 가면서 인연을 맺어가며 더불어 살아가는 원평시장 입구는 만남과 이별의 삶의 소리가 끊이지 않는 곳이다.

어머니와 원평시장 삼거리에서 만나자고 약속한 날은 행복꽃이 활짝 피는 날이다. 농사꾼인 우리 엄마는 밭에서 난 채소나 곡식을 커다란 보따리나 소쿠리에 담아 머리에 힘겹게 이고 나가 주로 물물교환을 한다. 노트나 크레용 혹은 고무신이나 생활용품으로 바꾸신다. 한국전쟁 이후의 재래시장은 이처럼 서로서로 적당히 인정으로 주고받는 물물교환이 많았다. 어렸을 때의 내 꿈은 원평시장에서 우리 어머니에게 하얀 사카린(굵은 백설탕)이 성글성글하게 붙은 입을 오므릴 수 없을 정도로 커다랗고 달콤한 알사탕과 맛있는 고기를 풍성하게 사 드리는 것이었다. 훗날 내가 어머니를 미국으로 초대해서 마음껏 사탕과 불고기를 잡수시도록 했더니 대만족하셨으니 내 꿈은 이룬 셈이다. 그러나 "책으로 쓸려면 열 권도 모자랄 나의 이야기 또 너의 인생살이 이야기를 생생하게 쓰거라." 하신 어머니의 소원을 이뤄 드리기는 요원한 일이다.

즐거운 원평시장은 민족을 사랑한 선조들의 애국심을 품고 너와 나의 꿈이 하늘에서 빛나고 있다. 아름다운 사람들이 모여서 북적거리며 다정다감하게 살아가는 삶의 즐거움을 주는 행운이 깃든 곳. 한국의 전통문화를 연연히 이어가며 우리나라 최고의 오일장 재래시장으로 새롭게 거듭나길 희망하면서 추억의 즐거운 원평시장 삼거리를 찾아간다.

얄미운 복슬이

 얄미운 복슬이. 나에게 그리움만 남기고 떠난 복슬이가 밉다. 복슬이는 내 소녀 시절에 함께 지낸 새까만 눈동자에 갈색 털을 가진 애견(愛犬)이다. 나는 한평생을 살아오면서 수많은 사람과 동물들을 대했지만, 우리 복슬이처럼 내 가슴에 아련히 남아 가슴 절절하게 그립게 하는 것들은 그리 많지 않다. 오늘은 산들바람이 부는 날이어서 복슬이와 함께 솔밭 길을 걸었던 추억이 더욱더 나나 보다. 얄미운 복슬이가 눈에 자꾸만 아른거리며 무척 보고 싶다.
 우리는 서로서로 사랑하며 행복하게 살았다. 눈빛만으로도 서로가 무엇을 원하는지 알 수 있었다. 학교에서 집으로 돌아오는 길목엔 언제나 복슬이가 있었다. 얼마나 영특한지 나를 보면 쏜살같이 달려와 책가방에다 입으로 뽀뽀하고는 뒤돌아서서 꼬리를 흔들며 뛰어가 어머니한테 내가 오고 있음을 알렸다. 때때로 우리는 뒤서거니 앞서거니 하면서 앞동산 솔밭 길을 걸을 땐 너무도 행복했다. 복슬이와 함께하는 하루하루의 생활이 즐거워 복슬이 집을 마루 밑에 마련해 주고 겨울에는 춥지 않게 담요도 마련해 주었다. 복슬이가 있어 밤중에 마당 건너에 있는 변소에 가는 일도 무섭지 않았다. 그런데 나는 타지에서 여고

생활을 하게 되어 이렇게 사랑스러운 복슬이와 헤어져서 살아야만 했으니 얼마나 가슴이 쓰렸겠는가.

수많은 사람이 사랑하며 함께 살아가는 여러 종류의 애완동물이 있다. 보고서에 따르면 현재로는 4명 중 1명 정도 되는데 갈수록 많아질 가능성이 크단다. 가장 많은 애완동물로는 개로서 여러 종류가 있다. 크기도 다르고 성격도 다르고 여러 가지가 다 다르다. 개를 말할 때 애완견(愛玩犬)이라 부르면 주로 실내에서 귀여워하며 기르는 작은 개를 말한다. 반려견(伴侶犬)이라 할 때는 동무처럼 생활을 함께하는 개를 말한다. 유기견은 주인에게 버려졌거나 길을 잃어서 집주인이 없는 개를 말한다. 진돗개처럼 족보를 자랑하는 개, 시골에서 키우는 똥개 등 종류도 참으로 많다.

함께 일하는 동료가 내일은 일할 수 없다 한다. 이유는 키우고 있는 강아지가 다리가 안 좋아 가축병원에서 수술하기로 했단다. 얼마 전에는 신장에 염증이 있어 항생제를 먹였다고 하더니 이번에는 다리 수술이란다. 강아지를 자기 애기라고 부른다. 강아지 키우는 비용이 식료비를 비롯한 애기 한 명 키우는 정도다. 병원비를 한꺼번에 낼 수 없어 다달이 월부로 내고 있노라 한다. 생활도 넉넉지 못하면서 왜 그토록 애완견을 보살펴야 하는 걸까 생각하다가 나는 문득 복슬이 생각을 했다. 복슬이가 내 곁에 있다면 키우는 정(情) 때문에 나도 똑같은 행동을 할 수밖에 없을 것이다.

사람과 애완견의 아름다운 이야기는 참 많다. 함께 지내는 개는 멀리 떠나 소식도 없는 자식보다 낫다는 말은 틀린 말이 아닌 것 같다.

외로운 사람들이 정을 느낄 때가 없어 정서적으로 애견을 키우는 사람도 많다. 젊은 부부가 애는 안 낳고 개만 키우는 예도 있다. 중년 부부도 어디든지 개를 데리고 다니면서 내 자식이라고 하는 사람들도 있다. 어떤 사람은 침대에서 한 이불을 덮고 개와 함께 자는 사람도 있다. 어느 날 비가 부슬부슬 내리는 밤거리를 홈리스가 자전거에 갖가지 물건들을 가득 싣고서 개와 함께 천천히 걷고 있다. 자기 몸 건사하기도 어려운데 애완견까지 기르는 모습이 딱하면서도 추운 날 서로 붙어 있으면 도움이 될 수 있겠다는 생각이 들었다.

미주 이민 초창기 시대에는 영어를 잘 모르는 한인들이 많아 개 그림이 그려진 애견용 음식을 개고기인 줄 알고 사다가 끓여 먹었다는 일화도 있다. 한국 사람들은 복날 개고기를 먹는 풍습이 있어 한국문화를 잘 모르는 외국인들이 개를 먹는 야만족이라고 야유를 당했다는 경험담 이야기도 있다. 애완용이 아니라 식용으로 키우는 개라 설명해도 이해할 수 없는 일이라고 도리질을 한다. 개는 다른 민족의 문화까지도 넘나 보게 하는 동물이다.

내가 사는 미국은 **SPCA**(The Society for the Prevention of Cruelty to Animals)에서 모든 동물을 보호하고 있기 때문에 동물 천국이라는 말도 있다. 동물 보호소, 동물 보호 단체, 동물 보험 등 동물도 사람이나 거의 같은 수준에서 돌보고 있다. 자연 생태계에서 보면 동물도 지구에서 함께 살아가야 할 반려자임은 틀림없다. 동물 농장 프로그램을 보면 정말 재미있어 눈을 뗄 수가 없을 정도다. 동물 중에서도 개는 사람과 밀접한 관계를 맺고 있다. 함께 살던 개가 주인이 죽음 직전에 있을 때 살려냈다는 미담은 옛날부터 현재까지 헤아릴 수 없이 많다. 그래서인지 인간관계에서 의리를 모르는 사람이 있으면 "개보다도 못한 놈"이라는 말도 한다.

산책길에는 비닐봉지를 들고서 개 뒤를 졸졸 따라다니며 개가 똥을 싸면 똥을 치우는 장면을 흔히 볼 수 있다. 개는 자기 맘대로 돌아다니면서 오줌도 싸고 똥도 싸 버린다. 이럴 때 주객이 전도되었다는 말을 쓰나 보다. 활동량이 눈에 띄게 감소한 노령견도 주인 앞에서 어슬렁어슬렁 걸어가면 노주인은 천천히 개를 따라 걸어간다. 개 때문에 억지로라도 걷는 운동을 할 수 있어 주인은 항상 개에게 고마움을 느낀다고 한다. 애견을 훈련하는 모습도 눈에 띈다. 주인이 말하는 대로 한다. 나도 따라서 해보지만 내 말은 듣지 않는다. 복슬이는 내 말을 참 잘 들었는데-.

이 세상엔 밥도 못 먹고 굶어 죽어가는 사람들도 많은데 동물에게 그렇게 해야 하는지 많은 생각이 들게 한다. 누군가 애견에게 주겠다고 고깃덩어리를 봉지에 담는 손 위로 폐지를 줍는 노인의 주름지고 거친 손이 겹쳐진다. 그리고 나에게 그리움만 남기고 떠난 얄미운 복슬이가 생각난다. 사람에겐 누구에게나 선택의 자유가 있으니 스스로 결정해야 하겠지만 나는 모르겠다. 오늘은 종일토록 그리움만 남기고 내 곁을 떠난 얄미운 복슬이 생각뿐이다.

• 제6부 •

Beautiful Nurse's Hands

One Ball Five Three (1053)

One ball five three (1053) is my own number. Living in the computer era, I can say that it is my own key number that can open the sky door. Just thinking about this number gives me a prayer of gratitude for the infinite grace that God has bestowed upon me. This number is the number that proves me that I have to enter into the computer for the first time in order to work. One day, I found out that this number is always the same number I punch when I start working. Because it is a very coincidental and mysterious number, I think it is my own number that can open the door to heaven so that I can be grateful for the grace God has given me.

A week later, March 31, 2023 is my retirement day from work. I close my 51 years as a nurse with a 30th anniversary party at Canterbury Woods Medical Center. If you add up the part time possible in the US and add it like a candy toe, it means that you have been a nurse for many more years. I confess that it was not a natural result that I was able to do a job life for the rest of my life because I studied nurse and worked hard, but it was entirely God's grace. I can say that it is a happy retirement because I can safely finish my life as a nurse who handles the only precious life in this world and retire. I wonder if it was possible because the Holy Spirit allowed me to take care of sick patients with devoted love in order to protect life.

When I think about the past, there were many difficult things. The memory of putting my lips to the dying person and breathing while performing CPR still gives me a cold feeling. It's unimaginable now that nursing technology has developed, but it was like that in the early days of my nursing life. When a strong male patient unexpectedly sutured after leg amputation and the red blood spurted out and rose to the ceiling of the hospital room, my face was covered in blood and I felt a new sense of worth as a medical professional. I must have been able to overcome the difficulties because I was eager to live a life that was not ashamed of as a first − generation immigrant to the United States, to the extent that I took the license exam 16 times in 8 years to obtain a local license. I feel proud of my job dealing with life all over again.

Entering the computer era, all hospital records have been stored in computers. It's a time when you can't work if you don't know computers. I was worried a lot about whether I would be able to do it even while receiving training at work, but I was able to finish it safely. When my eyes are dark, God gives me light so I can see or send helpers so I can work safely. I am grateful to God for knowing that my work life has been able to safely retire thanks to God's grace and care. When I get into the car to go to work, I ask God to let me drive safely. And if you sing hymns while driving, you feel at ease. The hymn I sing the most while praising God is "Jesus Loves Me." Jesus love is a holy word. We are weak, but Jesus has a lot of authority. Love me, love me, love me, it's written in the bible. Amen.

1 Gong 53 (1053) now becomes my own number in beautiful memories. It is a very beautiful number, a number of grace, and a number of gratitude. I thank God once again for the infinite love that God gave me while thinking of the five or three things I will keep in my memories. I started my life as a nurse at Chosun University Affiliated Hospital in Jeollanam-do, South Korea, and met with happiness at Canterbury Woods Medical Center in California, USA. How is it that I feel tears in my eyes and a feeling of moistness in my heart as I write a simple farewell

speech, thanking God for the immeasurable grace that God has bestowed upon me at the retirement home of a nurse, with my own number, five or three days a week?

Beautiful Nurse's Hands

The hands of a beautiful nurse are the hands when caring for patients with sincerity. There are many beautiful hands. A hand praying to God with both hands together, a hand taking care of a child... I want to say that they are the hands of a nurse taking care of a sick person. Nurses are called angels in white. It really is a job that requires you to become a human angel in white. When you demonstrate professional nursing knowledge with a sense of mission and love, you become a beautiful nurse's hand that saves a precious life. I wish my hands were 'hands of a beautiful nurse'.

A nurse's hands are truly beautiful hands that clean the dirty excrement from the body, such as feces, urine, blood, phlegm, etc. that people hate. Among many types of medical staff, the one who can faithfully do chores that others do not want to do with a consistent mind without hesitation is a nurse. Where a beautiful nurse touches, even dirty impurities are cleansed. When treating and nursing patients with severely decaying bedsores, they have to endure the terrible smell while gagging. There is also an example of being beaten by a mentally ill patient due to a sudden accident. When nursing patients with contagious diseases, they are aware that they may be infected, but with a clear sense of duty. The hand that sees through people's psychology and cares for those who are sick in body and mind is even sublime.

Nurses have developed and inherited the origins of Florence Nightingale being called "The lady with lamp" during the Crimean War. The candlelight oath ceremony at the nursing school is held after completing the theoretical course to become a nurse before entering the clinical practice of directly nursing patients. During the swearing-in ceremony, people hold candles in their hands and wear white gowns, symbolizing the spirit of caring for their neighbors warmly with the spirit of service and sacrifice that illuminates the surroundings. "I swear before God and before you that I will live righteously throughout my life and devote all my strength to the professional nursing profession. I am in human life..." After taking the oath ceremony, she becomes a nurse and takes care of patients professionally. I started my life as a nurse with excitement and trembling heart and cared for sick patients for the rest of my life. Now is the time when I may soon need the hands of a beautiful nurse.

It's a great number since I've been caring for patients for half a century. If I increase my time like candy by even doing part-time work locally, I think I have been caring for patients at the clinic as much as my age. I am proud of myself for having been engaged in the same professional job all my life without thinking that I am bored. After holding a candle and taking the Nightingale oath, I started as a nurse at a Korean university hospital and worked as a head nurse before immigrating to the United States in 1978. At that time, the economy of the country was difficult and there was a boom in immigration to the United States, an advanced country, to live a better life. I also immigrated to work as a nurse with my husband who dreamed of studying in the United States with hopes of life.

While working with an LVN (Licensed Vocational Nurse) license, she began to review her formal nurse studies again. A license that others can get at once. I took the license exam, which is held twice a year, and took the 8th year, the 16th, to get my registered nurse license. The painful body and mind disappeared in front of the nurse license and the memory of having a happy moment seems like yesterday, but a lot of time has passed. I am only grateful that I was able to know the value of life and spend my whole life protecting it.

The beautiful nurse's hands often move busily in places where people cross life and death. In the emergency room, in the operating room... We faithfully do our duty to save lives in each part. With specialized knowledge and nursing skills acquired through the process, an oxygen respirator is inserted into a person who cannot breathe to breathe, and a person who is bleeding is wrapped with a bandage to stop bleeding. They breathe their own breath into people whose heartbeat has stopped, and even save lives by performing CPR. In the neonatal room, the nurse's hands very carefully take care of the delicate life inside the incubator. A hand that sterilizes and treats the skin that is dripping with ooze. Hand giving medicine and giving injection. When a patient suffers from pain, he puts his hand on his head and the hand that hurts together... A nurse's hands are beautiful hands that provide holistic care to patients with physical or mental illness.

I think When I was sick and needed a nurse's touch, did I faithfully do my job as a nurse for the rest of my life like the nurse I wanted-. Sometimes there may be times when she was not enough and was obliged to work as a nurse, but it is clear that she took care of patients with humane love. These days, as I passed the Corona-19 plague period, I became an infected patient while nursing patients twice. There are times when I feel proud of myself, feeling that a person who can take care of a frightening infectious disease patient is a nurse with a sense of mission. I can feel my heart hurting so much when a patient expresses his gratitude with words and eyes for taking care of him along with moaning in the face of death. When I inevitably face the death of lonely people, I also have the heart of a praying priest.

I have lived a hard life as a first- generation Korean immigrant to the United States with a job as a nurse. I want to live happily as a retired nurse, and think about what kind of hope I should live with for the rest of my life. I have a great desire to nurse not only the patients I can see, but also the sick souls of the invisible global village. At this time, I desperately feel that I need someone's helping hand when I am sick, and draw another beautiful nurse's hand. I feel my eyes grow hot as I look at my wrinkled hands that I have tried to nurse the sick with the 'hands of a beautiful nurse' all my life.

Kimchi Day

November 22 every year is celebrated as 'Kimchi Day'.

The World Kimchi Institute under the Ministry of Agriculture, Food and Rural Affairs passed a resolution on November 22 every year as 'Kimchi Day' in the California State Assembly. This resolution, which was initiated by Representative Choi Seok-ho of California and participated by Representative Saren Quark - Silva and Senator Dave Min, stipulates that 'Korea is the country of origin of kimchi.' Woo~ Wow~ Ah. Long live Korean kimchi!

Kimchi is a representative side dish of Korean traditional food. Kimchi is an organic acid fermented food made by salting vegetables such as cabbage, radish, and cucumber, then mixing them with various seasonings such as red pepper, garlic, green onion, ginge, and salted fish. When vegetables are mixed with seasonings and kimchi is fermented, it has a unique taste and aroma that is different from the taste of the raw materials. Kimchi, which is excellent in storage and taste, produces different flavors even with the same ingredients, depending on the taste of the maker. Kimchi has the virtue of embracing all ingredients and harmonizing with any food, representing the character of Koreans. It has been said since ancient times that you can tell the hostess' cooking skills by looking at the taste of the kimchi in that house. To that extent, kimchi holds the importance of a family side dish.

The origin of kimchi can be found in "The Book of Poems", the first collection of Chinese poetry written about 3,000 years ago. The etymology of the word kimchi used today is the Chinese character chimchae(沈菜), which means 'soaked vegetables'. There is a theory that the word chimchae was later pronounced as dimchae and then changed to jimchae, gimchae, and kimchi. In Goryeo Dynasty, Lee Gyu-bo's collection of poems, Dongguk Isangguk, describes kimchi with Korean radish as its main ingredient. In the Samguksagi, a fermented food called kimchi was mentioned in the food related to King Sinmun's marriage. In the Joseon Dynasty, 'kimchi' became the most important commercial food on our table along with the groundbreaking development, it is 1600. It can be seen that red pepper, which began to be introduced from around 1930, has been continuously developed and transformed into the current kimchi since it began to be used in kimchi.

The reason why kimchi is good for the body is that it is rich in nutrients and light, so it is excellent as a health food. Kimchi also contains many enzymes that are good for our body, such as various vitamins, minerals, fiber, and antioxidants, so it shows various health effects such as preventing obesity and anti-cancer. Lactic acid bacteria extracted from kimchi enhance immunity and have the effect of suppressing the influenza virus that causes the flu. Kimchi also helps prevent skin aging. The allicin component of garlic, the main seasoning for kimchi, helps prevent cancer, and the rich moisture and dietary fiber in cabbage radishes are very effective in preventing colon cancer. Kimjang culture, registered as a UNESCO Intangible Cultural Heritage of Humanity, is a Korean custom of making kimchi, which is a major task for housewives to prepare for the winter months after harvesting in autumn. Housewives make kimchi, a winter side dish, at home. At this time, seasoning is made by adding fish such as winter pollack, and putting it in the kimchi bag is rich in nutrients such as protein, so kimchi alone is sufficient.

There are 336 types of kimchi in Korea, but it is not easy to count them. Cabbage kimchi, young radish kimchi, bachelor kimchi, leaf mustard kimchi, godeulppaegi kimchi… Anything can be made into various types of kimchi by seasoning the main ingredients with red pepper powder, garlic, ginger, onion, green onion, and various types of salted fish. My favorite food is young radish kimchi. The young radish kimchi, which reminds me of my beautiful childhood, is a kimchi made by hand-grinding red pepper and garlic rice with a very young radish that my older sister made. In the days when there were no refrigerators, young radish kimchi cooked in a bowl of cold water is so delicious and fragrant that you will not forget it even decades later.

Some of our employees call it 'kimchi salad'. Like various salads enjoyed by foreigners, foreigners call kimchi salad a side dish that can be eaten right away by mixing cabbage with minced garlic, adding a little sugar and sesame oil, and sprinkling with sesame salt. Among the seasonings used in kimchi, foreigners who dislike the smell of garlic are now seeing kimchi salad as a delicacy. When foreigners say the word 'kimchi' correctly and ask when they can eat kimchi, I feel good and get excited in my heart. It is fun and happy to see Korea's kimchi culture going global, so it's fun to give kimchi to foreigners who want it.

Kimchi Day was established on November 22, 2020 as a legal anniversary in Korea to promote the kimchi industry, inherit and develop the culture of eating kimchi, and inform the public of the nutritional value and importance of kimchi. In order to publicize the excellence of kimchi, we hold events around the world and strive to position ourselves as a global health food. The happy news that the state of California, where I live, legally passed November 22nd as California Kimchi Day to officially commemorate it, and Koreans cheered endlessly for the proud Congressman Seok-ho Choi, who is raising the spirit of Korean Americans in America. It seems that the time when kimchi will be selected as the world's best 'healthy fermented food' and receive attention from people around the world is just around the corner.

On November 22, 2021, the first 'California Kimchi Day' festival will be held. On that day, when I dance, the high sky will release endless amounts of blue paint and rejoice together. Then, the mysterious smell of kimchi roams around the world on a blue-colored wind, already flickering in my eyes. Ah~ I'm going to put on the Hahoe mask I have at home and flutter the hem of my skirt to add a festive atmosphere at a fun event. Since I am a person who will become a glorious ancestor of future generations who must live vigorously and confidently on this land, "Long live Korean kimchi!" is shouting endlessly.

Hanbok

Hanbok is beautiful. Hanbok, a traditional Korean costume, exudes the subtle emotions of the Korean people by making use of the curves with a short jeogori containing the heart of the Korean people and wide skirts and pants. Hanbok is making various forms with authenticity and beauty while continuously changing according to the times. Recently, people in the global village are becoming fascinated by the beauty of Hanbok, which seems to be alive and breathing. The wide skirt of Hanbok, which embraces happiness, has the power to embrace the broken heart and loneliness of all people in this world with love. I dream of the day when Hanbok, which embraces happiness, becomes the clothing of people all over the world.

Hanbok is a unique garment that Koreans have worn since ancient times. Because it is a costume of the Korean people, it is a Korean face, and the Korean ideology and aesthetic sense are permeated as it is. Hanbok is basically worn with pants and a jeogori over which a outer jacket or skirt is worn. The first case of Hanbok appeared in Goguryeo murals. The framework of hanbok, which is the basic jacket, pants, and skirt, continues, but the shape is gradually changing with the flow of the times. Hanbok is a clothing that embodies the emotions of Koreans in various shapes depending on social status. The wisdom of Koreans is embodied in just looking at the clothes that are tied in front of a jeogori or a durumagi. When tears or runny nose occur, you can gently wipe it with the back of the clothes pus, and when you laugh, you can lightly cover your mouth with the clothes pus.

In the era of our parents, they wore hanbok at work, everyday wear, and on feast days. When working, he wore a simple overall jacket with no clothes, and overall trousers made of a ruler, and the fabric was made of tough cotton or hemp cloth. My mother's skirt gave me many romantic moments on a midsummer night. On summer days, after dinner, people in the countryside lit a fire with various weeds and sat around on a mat to enjoy the fun while talking about flowers. The width of my mother's cotton skirt wrapped around me at some point, and I enjoyed listening to the legend of the stars she told me. Among the stories of the stars heard at that time, it is a heartbreaking love story in which

Gyeon-woo and Jik-nyeo follow the Milky Way and their tears fall as raindrops because they can only meet on the seventh day of the year, the seventh day of the seventh month. And the story of the beautiful Dipper-shaped Big Dipper created by the seven stars always reminds me of my mother's lesson to live while giving love to others.

It is good news on September 27, 2012, that Yuna Kim, the 'figure skating queen' not only in Korea but also in the world, took part in a London fashion show in Hanbok. 'Hanbok Fashion Show, Hanbok Wave' was held at the Korean Cultural Center in London, and we were amazed at the beauty of Hanbok, which shined in the overseas fashion show. We are proud of Yuna Kim's hanbok, which was painted in a famous fashion magazine, and we are very happy that we are taking the lead in promoting the beauty of hanbok to the world. The fashion show video is said to be posted on the Korean Wave exhibition website of Victoria and Albert, the world's largest art museum. She saw an article saying that a video of her hanbok pictorial was also planned to be released through an electronic signboard in Times Square Broadway in New York, USA, a public square for people around the world. I feel excited because it will be a good opportunity to spread the charm of hanbok to the world.

Hanbok designs are diversifying. There is also a school where the traditional costume, Hanbok, is used, and the students are very proud of it. It is good news that the preference for various hanbok wedding dresses is increasing among those who are getting married. Modern hanbok, which has been simplified to suit modern culture, is changing into an improved hanbok that is comfortable to wear in everyday life, such as replacing buttons with buttons and reducing sleeves. There are so many types of hanbok that it is difficult to count them according to social status. Court ceremonial dress, wedding dress, traditional hanbok, casual wear, outing ---. Even the skirt she wears has countless names attached to it. A skirt, a ruler, a pleated skirt, a parasitic skirt, a nobleman's skirt --- There are so many names for hanbok. Skirt jacket, pants, vest, tabi, sleeping bag, swaddle jacket ---. What more can you ask for if you get a sense of happiness by wearing numerous types of hanbok that suit you.

At this time, I see the dance moves of a female shaman wearing a hanbok and dancing a traditional dance. Above that, I am reminded of the faded 60th birthday photo of my mother with her father wearing a silk vest and white trousers, and her mother wearing a white calico skirt and jacket with neat hair brushed with camellia oil and braided with a fine comb, smiling happily. In addition, imagine a picture of a fresh woman loved by the world wearing a hanbok made of beautiful colors that seems to drip with flowers, to be released through an electronic signboard in Times Square, New York, USA where the world's eyes are focused. On November 18th, 2022, when the 〈Korean-American literary publication commemoration〉 event was held, I really wanted to see the hanbok for the first time, but I couldn't visit, so I had no choice but to look forward to the next opportunity.

Hanbok is a traditional clothing worn by Koreans, but it will become a favorite clothing worn by people all over the world in the future. It is a beautiful color and textured fabric, and it is developing in accordance with the new era with various shapes. Hanbok is a pretty garment that brings happiness to those who wear it and those who see it. I dream anew of the day when Hanbok, which embraces happiness, becomes the clothing of people all over the world.

Cotton Blanket

A cotton blanket is a blanket made of cotton. From the day I got married until now, I sleep with a cotton blanket on cold days every year. The cotton blanket that warmly and comfortably covers my body is my coma blanket filled with my mother's patience and love. The coma cotton blanket will stay with me until the day I leave this world. When I am under the cotton blanket, I feel very peaceful and happy because I feel embraced by the warm heart of my mother who made me when I got married. If you always treat people around you with a warm and cozy heart like a cotton blanket, I think that warm energy can circulate somewhere in the global village.

The cotton wool blanket I am using now must have been made since my childhood. She seems to remember that when I was a child, my mother always picks and dries cotton bundles and says that she will use them to marry our youngest daughter. It is good to see her smiling brightly, holding a bunch of white cotton in her hand, hoping to make a cotton blanket for me as well. It is one of the vague memories of her own mother, who collected a little bit of fluffy cotton each year, dried it, collected it, and made her a comforter for her, saying that she would live happily. The cotton blanket that gives me a cozy touch is the only precious thing in this world made with my mother's patience and love. A cotton blanket that warms me when I'm cold and makes me feel buried in mother's love when I'm lonely. I always feel happy in a cotton blanket.

The cotton story is a story of a success story in Korean history that I learned through textbooks during my school days. In the Goryeo Dynasty, Moon Ik-jeom, a scholar, assisted envoys to the Yuan Dynasty and went to the Yuan Dynasty in the capacity of a secretary in charge of records. He secretly put three cotton seeds in the thickness of a brush from the Yuan Dynasty and planted them, but it is said that only one survived. It is a fact that it prospered over the years and taught people to weave to benefit the people. After Moon Ik-jeom was dismissed from the court, he focused on cotton cultivation in his hometown and generalized it to the public. Cotton = Moon Ik-jeom, but in fact, the fact that cotton was cultivated in Korea during the Three Kingdoms period is recorded in the "Samguksagi", 'Goguryeo has cotton cloth.' can be found in the Isn't it fortunate that we grew cotton because we had ancestors who loved the people, and that we can cover our blankets with breathable natural cotton that saved people from the cold, soft and pleasant to the touch.

It takes a lot of patience and love to make cotton blankets. In spring, cotton seeds are sown on the ground, weeded, fertilized, and grown. In summer, flowers bloom and bear sweet fruits. The fruit of cotton is called 'darae', but it is sweet, so children in the countryside often pick and eat the fruit to satisfy their hunger despite their parents' dissuade. In early autumn, the pods of the chinks that have turned brown burst open and the white cotton buds come out and bloom like flowers. So, there is a story that a plant that blooms twice is said to have appeared in an old jinsa test. When the white cotton buds start to swell, they are individually taken out of the shell and dried. After separating the seeds and cotton from the seeds in the cotton cluster with a seed machine, the cotton is twisted to make soft cotton. Cotton wool is put inside, and the outside of the quilt is made of sheepskin or milk dung, and the cotton is wrapped with pure white calico fabric and sewn to make a cotton blanket.

On the first day that the mandarin ducks unfolded the cotton comforter embroidered with a sewing machine, I can't tell you how heartbroken I felt at the thought of my mother's love. The days when I tried to follow the teachings of my mother, who taught me not to cry, have passed so much that I feel that I am living as an old person among the new generation who do not know cotton blankets well. Now that the coma cotton comforter is worn out and hard, I want to regenerate the cotton by twisting it, but living as an overseas Korean makes it virtually difficult. I have no choice but to dust the cotton comforter and dry it in the warm sun. I hope that one day I will have the opportunity to turn an old blanket into a new one, but I think it's okay even if I can't. Now, it is a convenient single sheet with a zipper that I got from Namdaemun Market in Seoul. It can be washed frequently, and on days when the weather is good, if the cotton is blown out in the wind and dried in the sunlight, it is naturally sterilized and the cotton feels soft.

In winter, when white snow covers the heavens and earth, it feels warm rather than cold, even on a cold day, as if a white cotton blanket covers the heavens and earth. Maybe that's why I often think about how nice it would be if the white snow turns into cotton in winter. Then, wouldn't it be possible for people living in the cold because they don't have a house to overcome the cold? In the cartoons I read when I was young, I sometimes think of the 'Devil King' who grants me anything I want, and I pray fervently to the Almighty. On days when snow falls as white as cotton wool from the sky, I always remember my mother's unforgettable image from when she was alive. Young-chul, who lives in a shabby thatched house at the edge of the village, holds a bag of rice in one hand and a bundle of seaweed in the other, blowing the hem of her white skirt in a fierce snowstorm to remind her of a dancer's dance moves. comes to mind Feeling that a drop of love paint sprinkled with her mother's happy heart is spreading into my heart. When I think of the life my mother lived, I feel ashamed for some reason, and my body feels smaller and smaller.

A cotton blanket that covers me with warm and cozy love in this cold winter when the white snow feels like cotton. A cozy coma cotton blanket that will stay with me until the last moment of my life. How nice it would be if I could become someone who could cover someone's cold heart with warm and cozy love like a cotton blanket that makes me feel happy in paradise on earth. Even the heart of a single person living together in the global village...

The thrill of love flows through the hands and hearts that cover the blanket.

Ondol room

I want to lie down on a warm ondol room, so I lie down on the bed with a hot pack on my back. Because I want to feel the touch of warmth. An ondol room is a traditional method of heating a house in a hanok. Rescue builds a fire in the furnace outside the room, and the warm smoke goes out through the chimney outside on the whale under the gudeuljang. It can be seen that it is an eco-friendly heating device as yellow soil is applied on the top of the Gudeuljang and in the last order, a yellow linoleum mat is laid on the floor. Our ancestors lived in this unique underfloor heating for a long time. Perhaps because I was born and raised in this ondol room, when I left my homeland, one of the things that hindered me was the ondol room. It is a beloved ondol room like Mureungdowon(武陵桃源) that I will never forget for the rest of my life.

An ondol room has the magical power of creating many things

with just one warmth. If you lie down in a warm ondol room, your imagination will spread and become a beautiful palace of your dreams. In the small blanket spread out to preserve warmth at the bottom of the ondol room, people put their feet together and talk about dirty hands, making the flowers of love bloom with those who have made a relationship. On the warm lower floors in winter, rice bowls with lids are waiting for family members to return from outside under the blankets. In an ondol room in the countryside, Cheonggukjang is fermented in an earthenware jar and malt is fermented. Sometimes fermented soybean paste made from wooden planks is spread out until it becomes soft. During the rainy season, during the rainy season, red peppers are used to dry clothes. It is a fun restaurant for the family every day, and sometimes it becomes a playground for the family. The ondol room I lived in was also a place where my mother's praises soared as she swept the floor with her hands to feel good because it was clean.

It is an ondol room, but when there is no warmth, it is called cooling. No one wants to stay in an air conditioner. There are people who have warmth somewhere, and there are people who don't want to touch their skin close to them. It seems to be like that when there is no affection and it is cold. When you truly love, it seems that warmth comes out of your body. What would be the taste of life if there was no warmth in life? When I feel that I am a little more foolish than others, I feel like I am warmed up like an ondol room. Warmth has the power to attract people. Wouldn't it be possible to become familiar and have a beautiful relationship when people are close?

An ondol room creates a myriad of things miraculously with just the warmth alone. How nice it would be if I always had a warm heart like a warm ondol room. I walk through the palace of my dreams, thinking that only those who have warm love in their hearts can create a warm world. My heart warms just thinking about my beloved ondol room, like Mureungdowon, which only quietly emits warmth.

파토스, 실존적 세계관을 위하여
-정순옥의 수필세계

한상렬(수필가, 문학평론가)

1. 논의에 앞서

　수필은 작가의 일상적 체험을 바탕으로 하여 언어미학적으로 창조한 관조의 산물이다. 하이데거에 따르면, 예술의 본질은 모방이나 재현에 있는 게 아니라, 사건을 일으키는 데 있다고 했다. 그래 모든 존재자의 아래에 묻혀 잊혀진 존재의 체험을 일으켜, 우리를 존재 망각상태에서 깨어나게 한다. 피카소의 그림이나 고야의 그림을 통해 체험하는 예술의 세계는 바로 우리들 삶의 모습 그대로이다. 미셸 푸코가 말했듯, "사유의 전 지평을 산산이 부숴버리는" 비로소 우리는 삶의 진실에 눈뜨게 된다. 그러므로 수필문학에 지나치게 일상성에 몰두한다거나 키치적 사고에 매달린다면, 문학성은 얻기 힘들 것은 자명한 일이겠다.

　문학의 본질은 사물의 낯익은 것들을 낯설게 하는 것에서부터 시작된다. 조나단 킬러가 신문기사도 시처럼 배열해 놓으면 문학적 책읽기를 유발할 수 있고, 새로운 의미를 도출해 낼 수 있다고 했듯, 전통적인 것만이 능사일 수는 없다. 따라서 문학과 비문학의 차이는 작품을 창작하는 작가의 시선이 어디에 있는가가 중요한 문제일 것이다.

루카치가 예단한 바 있듯, 우리는 지금 문학이 총체적 인간의 진실을 담아내지 못하는 우울한 시대에 살고 있다. 때문에 적어도 본격수필이라면, 서정의 감미로움과 때로는 벽을 뚫는 비평의식이 있어야 하고, 유모나 서정 어린 섬광이나 "좀처럼 붙잡기 힘든 인간 영혼의 가장 은밀한 곳에 자리 잡은 마음의 미세한 풍경"을 그려야 할 것이다. 이는 한 편의 수필이 일상의 이삭줍기가 아니라, 자신의 성 쌓기에 주력해야 함을 의미한다. 그러기 위해서는 미로찾기와 예술의 탈주가 필요할 것이다.

해적이에 의하면, 수필작가 은지(薂池) 정순옥은 1950년 전북 정읍에서 출생하여, 전주기전여고와 전주간호대학을 나온 뒤, 1978년 도미하여 현재까지 미주에 거주하고 있는 수필작가이다. 미주중앙일보에 이민수기가 당선되었고, 광야(2003)와 한국수필(2009)을 통해 문단에 데뷔하였으며, 허난설헌문학상과 서울문예창작문학상을 수상하였고, 수필집《기쁜 소식》과《오메, 복사꽃 피네》등의 저서를 남긴 작가이다.

헤겔은 그의 저서 법철학 서문의 마지막에서 "미네르바의 올빼미는 황혼이 깃들 무렵에야 비로소 날기 시작한다."고 말한 바 있다. 노회한 철학자의 이 고전적인 잠언이 가리키는 것은, 현실적인 여러 모순의 지양태로서의 통일적인 삶을 향한 예지란, 대체로 기존의 삶에 대한 객관적인 성찰이 가능한 전환기적인 마디절에서 움트기 시작한다는 것이었다. 이런 논지는 표면적으로 철학적인 지혜의 현실적 지체성을 가리키는 것처럼 보이지만, 사실은 다가오는 새로운 시대에 대한 선견성을 강조하고 있다고 보아야 할 것이다.

　수필작가 정순옥의 수필작품들을 일별하며 필자에게 먼저 다가온 느낌은 헤겔의 바로 '미네르바의 올빼미'라는 그 촌철한 어구가 주는 상징성이었다. 모두(冒頭)의 이 한 마디가 주는 상상의 진폭이야말로 더 이상의 꿰집을 요구하지 않는다. '철학적 지혜의 현실적 지체성'이야말로 존재미학을 추구해야 할 수필작가의 최대의 무기가 아닐까. 이런 경향성은 정순옥의 작품을 통찰하면 충분히 이해될 대목일 것이다.
　결론부터 이야기하자면, 수필작가 정순옥의 수필세계는 앞서의 루카치의 언명과 같이 "좀처럼 붙잡기 힘든 인간 영혼의 은밀한 곳에 자리 잡은 미세한 풍경에" 포커스를 맞추고 있다. 이는 미셸 푸코의 존재 의미의 해석이요, 사물을 인식하고 분별하는 로고스(Logos)이자, 작가의 실존 인식은 파토스(Patos)의 형상화일 것이다. 이런 해석은 그의 작품에서 구체적으로 파악된다.

2. 실존적 파토스, 그 구체화

　정순옥의 수필은 언뜻 평범해 보이지만 그게 아니다. 그의 시선은 열려 있다. 사물을 눈에 들어오는 대로 관찰하고, 그 결과를 직핍하지 않는다. 그는 사물과 대상을 자기 나름의 프리즘에 의해 굴절시키고, 용해하여 자기화하고 있다. 인생의 연륜에서 오는 혜안일 것이며, 철학적 바탕 위에서 구축된 자기만의 성(城)일 것이다. 그 성의 탑은 아주 견고하여 함부로 무너뜨릴 수 없으며, 제멋대로 출입할 수도 없다. 그만의 미적언어로 해석하고, 의미화하여, 문학적 형상화의 길을 가는 그의 수필적 행로는 탄탄하다. 행간에 담겨진 의미의 깊이나 언어의 기의와 기표가 갖는 해석상의 깊이, 삶에 천착한 해석도 무궁무진하다. 그렇기에 삶의 철학으로 무장하지 않고서는 그의 수필세계로의 진입이 그리 쉽지 않다. 이만한 깊이의 수필을 만난다는 것은 수필 읽기의 행운인지도 모른다. 무엇이 필자로 하여금 정순옥의 수필에서 이런 단정을 내리게 하는가? 이를 구명하기 위함이 이 논의의 단초일 것이다.

우리는 지금 글을 쓰고 있다. 도대체 무엇 때문에 글을 쓰는가? 바르트에 의해 '작가의 죽음'이 선포된 것도 이미 오래전 일이다. 하지만 인간 정신의 근본은 분명 인문학에 있다. 하여 글을 쓰는 궁극적 목적은 인간존재에 대한 탐구와 자기 구원일 것이다.

과연 예술가란 어떤 사람인가? 아니, 작가란 누구인가? 그들은 결코 인생의 행운아는 아닐 것이다. 그들에게 아무런 의무 없이 살 수 있는 권리가 있는 것은 아니다. 그들은 때로 자신의 십자가가 될 괴로운 과업을 수행해야 하기도 한다. 그러므로 작가는 자기 행동이나 감성, 사상 등의 모든 것이 섬세하고도 치밀한 소재를 형성하여, 그곳으로부터 자신의 작품을 창조해 낸다는 사실을 기억해야 한다. 어쩌면 그들은 인생에 있어서는 자유롭지 못하나, 예술에 있어서만은 자유를 구가할 수 있는 사람일 것이다.

특히 수필문학은 작가 자신의 반영이 기본이다. 당대 걸작을 남기겠다는 그런 지엄한 모표 이전에 삶의 흔적을 남기기 위한, 어쩌면 이런 사소한 의미는 우리를 오히려 긴장시킨다. 모든 예술이 그러하듯, 어쩌면 이런 사소한 의미는 우리를 오히려 긴장시킨다. 모든 예술이 그러하듯, 문학작품은 그 작품을 생산한 작가를 반영하기 때문이다. 특히 자기 관조와 성찰의 경향이 짙은 수필문학의 경우에는 '작가=작품'이라는 등식이 성립되게 마련이다.

정순옥의 수필쓰기는 〈하늘나라 아들에게 띄우는 편지〉로부터 시작된다. 품 안의 자식을 먼저 보내는 일만큼 고통스러운 일은 없을 것이다. "가슴이 먹먹하고 목구멍에서 가쁜 숨이 터져 나온다."라는 참절(斬截)할 슬픔은 어디서 기인하는가?

자기가 살기 위해 형제에게 검붉은 피를 흘리게 한 인류 최초의 살인사건으로 알려진 가인과 아벨의 사건을 재현한 듯 '광주민주화운동'의 산 증인으로서 고국을 떠나와 있는 해외동포의 한 사람인 엄마에게 너는 행동으로써 그때의 현장을 설명해준 셈이다.

내 혈육은 험악한 현장에서 두려움에 떨고 있을 때 엄마는 안전한 곳에 따로 있었다는 사실이 우렁엄마 얘기를 해주고는 나를 부끄럽게 했다.

화자의 각성은 작가의 실존 인식인 바로 파토스의 형상화이다. 순연한 자연인으로서 쓰지 않으면 안 되는 절체절명과도 같은 인식과 완성의 순간이 이 작가로 하여금 붓을 들게 하였는지도 모른다. 그래 그의 로고스는 해광이란 이름 붙이기를 통해 상상을 구체적으로 형상화하고 있다. 감정의 기복은 그로 하여금 "너는 한 마리의 하얀 새/창공을 나는 펠리컨/초록 바다와 붉은 태양 사이로/자유롭게 나는 아름다운 새/사람들을 초록 바다처럼 넓은 가슴으로/사람들을 붉은 태양처럼 뜨거운 가슴으로/사랑을 많이 참으로 많이/海光이라는 이름을 가진 너/오늘도 내 눈동자에/너의 모습을 그려 놓은/한 마리의 하얀 펠리컨/창조주의 유일 작품 고귀한 너"⟨해광⟩ 전문) 고도로 분출한 작가적 감성이 펠리컨으로 대유하여, 로고스를 파토스로 형상화하고 있다. 이런 실존 인식은 그만의 성 쌓기이자, 존재 방식일 게 분명하다. 수필문학의 궁극적 목적이 인간화에 있다고 할 때, 작가 정순옥의 수필은 문학적 원초적 지향을 통해 자전적 고백에 닿아 있다고 하겠다.

상투적인 소재나 반응에 의존하는 작품은 웨렌의 비유처럼 썰매를 타고 미끄러지는 것이나 공중낙하일 것이다. 이는 언어의 무임승차하는 것이 아니다. 시인의 경우, 황금을 찾아내는 시적 열정이 아니라, 도금을 통해 시인이라는 명망을 유지하는 언어의 세공사일 것이다. 하지만 수필가에게는 그 언어가 삶의 역정에서 길어낸 사유의 산물이다. 수필가 정순옥은 어쩌면 보통사람에게 하찮고 작은 일에까지 환호하고 있다. ⟨오메, 복사꽃 피네!⟩라는 영탄은 그저 사물에 대한 인식이나 합성이 아니요, 사물을 내 안에 들여놓는 이른바 내적감각으로의 승화인 것이 분명하다. 한 송이 복사꽃에 열중하는 작가. 경이로운 자연에 탐닉하는 화자의 열린 마음이 가슴에 와닿는다. 화자에게 복사꽃은 그저 꽃일 수 없다. 바로 고향을 떠올리게 하는 실향의 정서, 디아스포라이자, 생명애인 바이오필리아를 함께 감지하게 한다.

이 세상엔 아름다운 것들이 너무도 많다. 그런데도 복사꽃 한 송이를 보는 순간, 이 세상에서 가장 아름다운 것으로 착각할 정도였다. 나는 왜 한 송이의 복사꽃을 보면서 남도 사투리가 생각난 것일까? 아마도 인생의 맛을 느끼게끔 하는 생기 있는 남도 말을 맛깔스럽게 품어내던 남도 여성의 입술이 분홍색 복사꽃처럼 예뻤나 보다.

대상에 대한 작가의 예민한 촉수는 한 송이 복사꽃에서 전라도 사투리로 연접되어 언어 기표를 통한 기의에 착목하게 한다. 나아가 한 송이 꽃을 통해 고향과 조국을 동시에 연상하게 함으로써, 장소애인 토포필리아를 경험하게 한다. 그리하여 결미의 "이 시간 나는 답답한 가슴을 트이게 하고 삶에 대한 의욕을 주는 남도 사투리를 감미로운 본토박이 남도 여성의 사랑스러운 목소리로 복사꽃 생각 속에서 듣는다."라는 정서화와 함께 의미 해석의 통일성을 보여준다.

화자는 한강을 사랑한다. 여기 한강을 사랑하는 작가의 심정은 각별한 의미를 지니고 있다.

> 한국전쟁 후 가난이 서러워 울던 시대로부터 새마을 운동 이후 경제부흥이 급속히 일어나, 도움을 받는 나라에서 도움을 주는 나라로 변한 것을 한강의 기적이라 사람들은 말한다. 내 사랑 한강은 야경이 황홀할 정도로 아름다운 물줄기를 품어내 보는 사람으로 하여금 희망이 솟아나게 하지만, 때로는 피와 눈물이 섞여 있고, 뼈를 깎는 아픔을 감당해 내면서 조국을 위해 헌신하는 영혼들이 그 속에 있음을 나는 안다. 그러기에 한강은 살아 숨 쉬고 있고 영혼을 새롭게 하는 기적을 일으키는 강인가 보다. 난 지금은 미국에서 살고 있지만 언제라도 나를 품어 줄 한강이 있어 외로운 줄도 모르고 고단함도 잊고 감사한 마음으로 은혜답게 하루를 살아갈 수 있나 보다.
> —⟨내 사랑 한강⟩에서

화자에게 있어 한강은 '영양수액을 공급받는 생명줄'이라 했다. 그런 한강이 그에게 '생수가 되어 마음을 적셔준다.'는 언술은 조국에 대한 애정이요, 공간애를 느끼게 한다. 이는 '공존'이라는 절대의 가치를 지니며, '한강의 기적'이란 상징을 통해 명멸하는 역사와 함께 변화와 발전도상에 있는 조국에 대한 사랑으로 구체화되고 있다. 이렇게 이 수필은 한강이란 대상에 시선을 정박하기보다는 존재 사태에 대한 심적 표상으로의 한강을 찬미하고 있다. 일찍이 하이데거는 진리의 경우, 우리가 마주하는 존재 사태가 의식에 의해 해석된 지향적 대상이 아니라, 존재 사태로 바로 그 자체라고 언명했듯, 여기서는 공존의 문제에 포커스가 맞춰져 있다. 이런 공존을 위해서는 무엇보다 토포필리아 즉 공간애가 전제된다. 토포필리아는 그리스어로 장소를 뜻하는 'topos'와 병적 애호를 뜻하는 philia의 합성어로 장소애, 공간애의 의미를 함축하고 있다. 수필 〈내 사랑 한강〉은 바로 이런 지점에 놓여있다고 하겠다.

조국이 경제적으로 부강하고 든든해야 해외동포 생활이 수월하다. 십여 년 전에 있었던 LA 폭동 사건에서 본 것처럼 힘이 없어 억장이 무너지는 억울함을 당했음을 우리는 간과해서는 안 된다. 공식적으로는 한인들과 흑인들 사이에 갈등이 있어서 LA 폭동이 일어났다고 하나, 사실은 그렇지 않았음을 현지 부근에서 사는 나는 알고 있다. 힘이 없는 민족이어서, 이민생활에서 오는 언어장벽 때문에 갖는 가슴에 서린 한(恨)을 긴 한숨으로 허공에 날려 보내 버려야 하는 억울한 희생자들의 모습을 나는 보았다. 모든 것을 포용하며 뼛골이 아프도록 노력하면서 열심히 사는 선한 재미동포들의 아픈 가슴을, 내일의

기적을 바라보고 있는 한강이 오늘도 어루만져 주면서 위로해 주기에
그래도 위안을 받으면서 희생자들은 살고 있음을 안다.

―〈내 사랑 한강〉에서

  문학은 이렇게 철학의 명제처럼 논리적인 언어구조를 가지고 있다. 오히려 모순적이고 비약적인 언어로 가득 차 있다고 해도 과언이 아니다. 그러므로 문학은 파괴된 내면을 조심스럽게 기우고, 피 흘리는 상처를 닦아내는 데 더 효과적인지도 모른다. 소용돌이치며 아우성치고, 그러나 그 위에서 유유히 흘러가는 강처럼 인간의 온갖 모순된 삶을 싸안고 흘러간다. 그래 때로는 갇혀 있던 슬픔의 물꼬를 조금씩 틀 수 있는 게 문학인지도 모른다.
  이렇게 작가가 글을 쓰고자 할 때는 무엇보다도 자신을 객관화시키게 마련이다. 그러므로 자신을 단순한 자기 존재에 그치지 않고 확대하고자 하는 안목을 갖게 된다. 즉 인간이라고 하는 근원적인 문제에 뿌리를 내리고 좀 더 견고하게 자신을 구축하는 작업을 통해 삶에 대한 나름의 가치를 발견하고, 진정 어린 자아와의 만남을 갖게 된다. 그렇기에 자신과 무관했던 대상에서 그 본질과 대상과의 상관적 의미를 발견하는 데에서 자신의 객관화가 구체화하게 된다. 수필문학은 이 경우, 특히 화자인 작가의 개성이 두드러지게 나타나기 마련이다. "글은 곧 사람이다."라는 표현을 빌지지 않더라도 정순옥 수필에서는 그의 체험과 사유, 성품이 노출되고 있다.

예술작품은 '놀이'와 비슷하다. 놀이처럼 닫혀 있으면서 동시에 열려 있다. 작품은 '작가—텍스트—독자'의 이 삼각형의 놀이 속에서 독자는 늘 바뀌게 마련이다. 그때마다 놀이의 내용과 의미도 달라진다. 작품이라 후세의 해석에 열려있다. 따라서 진리란 시대마다 독자에게 새롭게 열린다. 수필 〈재봉틀 노래〉는 이런 놀이에 걸맞는다.

화자에겐 "도르록…도록" 하는 재봉틀의 소리를 노랫소리로 감응하고 있다. 그것도 사뭇 '흥겨운' 노랫소리다. 한데 노랫소리에서 인생의 아름다운 꿈의 조각보를 만들고 있다. "우리 어머니 세대와 나의 세대 그리고 딸의 세대를 잇대어 주는 즐거움"이다. 이 작품의 화소인 '재봉틀'은 그저 사물이기보다는 '어머니'를 대신하고 있다는 점에서 발상의 특이함을 보여준다. 이런 대비적 착상은 의인화의 매체로서의 낯선 작가의 시선을 보여준다는 데서 이 수필의 장점이 된다. 어머니와 함께했던 재봉틀은 어머니의 사랑을 회상하는 매체이자, 작가 자신의 '창작'의 의미를 부여하고 해석하는 길일 것이다. 그렇기에 그 노고의 산물인 보자기야말로 작가 자신의 심혼을 담은 창작물에 비견할 수 있다.

> 어머니와 함께한 나의 인생은 아름다운 추억을 많이 간직한 안정된 삶이였다고 말해도 좋을 것이다. 나는 지금도 마음속으로 깊이 느끼고 있다. 어머니의 숙련된 바느질 솜씨는 내가 감히 엄두도 못 낼 일이라는 것을. 가족을 사랑하는 마음으로 재봉틀로 바느질하신 어머니의 가정을 위한 헌신적인 인고의 삶이 참으로 아름답게 조화를 이루

어 귀한 인생살이 꿈의 보자기를 만들어 내신 어머니가 참으로 존경스럽다.

-〈재봉틀 노래〉에서

화자에게 이런 어머니가 있기에 그의 삶은 '사랑'이란 보자기로 짜깁기되었고, '가족'이란 이름으로 직조되어 '꿈의 보자기'가 되었을 일이다. 결미의 "도르륵 도록…도루룩, 내 인생의 아름다운 꿈의 보자기를 만들기 위해서 한 줄 한 줄 정성스럽게 박아가는 재봉틀 리듬 소리는 우리 어머니와 나 그리고 딸의 세대를 이어주는 재봉틀 노랫소리가 되어 내 가슴을 유쾌하게 진동시킨다."라는 진술이 오래도록 가슴에 남게 하는 작품이다.

수필 〈커피 한 잔의 행복〉을 보자. "커피 한 잔의 행복이 내 삶에 생기를 무척 북돋아 주는 것이." 화자에게는 참으로 신비롭게 느껴진다. 커피 한 잔일망정 그것이 노숙자에게는 천금으로도 다할 수 없는 행복의 메시지일 수 있다. 자잘한 일상에 정박한 화자의 시선이 따뜻하다. '생기'는 세상을 살아가는 힘이다. 그런 생기를 잃은 이들을 우리는 도처에서 목도한다. 그저 스쳐 지나갈 일이지만, 화자에 이르면 그렇지 않다. 그저 측은지심이 아니다. 타자에의 애정이 아니고서는 이를 수 없는 지경이다. 수필은 이렇듯 진실과 애정을 담고 사물의 본질을 캐내야 한다. 로고스와 파토스, 감성과 이성을 조화시킬 때 비로소 인간다움은 꽃을 피우게 된다.

생기는 내가 이 세상을 살아가는 힘인데, 태초에 창조주께서 흙으로 사람을 지시고 생기를 불어넣어 주셨다고 성경에 쓰여 있다. 섭리에 따라 생기가 없으면 나는 다시금 흙으로 돌아감을 알고 있다. 그러기에 살아있는 동안에 생기가 소멸하지 않도록 무언가로 자꾸 보충해 주어야 하는데, 오늘은 새벽에 손에 들게 된 커피 한 잔이 새롭게 생기를 북돋아 줌을 느낀다. 커피 한 잔을 행복한 마음으로 대하면서 오늘 하루도 꿈과 할 일이 많은 나의 생활에 감사하며, 나처럼 모닝커피를 찾는 힘없는 노숙자들도 생기를 얻어 일할 수 있는 사람들이 되었으면 좋겠다는 생각을 해본다. 임마누엘의 은혜가 모두에게 더욱더 임하길 진심으로 기도하는 마음이 간절한 것은 성탄절이 있는 계절이기 때문인지도 모르겠다.

-〈커피 한 잔의 행복〉에서

커피 한 잔에 묻어나오는 화자의 진정성이 읽는 이의 가슴을 훈훈하게 한다. 수필은 인간존재의 문제를 해명하고 존재에 천착하는 데에 있다. 인간학적 수필의 의의일 것이다. 이런 정서와 상상이 혼용하여 작가는 독자에게 제시하고자 하는 메시지를 확연하게 한다. 메시지의 강렬함이 나타나는 것은 이 때문일 것이다. 결미의 "나의 손에 들고 있는 시니어 커피 한 잔이 신비롭게도 내 삶에 무한한 생기를 북돋아 주고 있음에 감사하면서, 차 속에서 나를 기다리고 있는 남편을 향한다."라는 대목이 사상의 정서화에 기여하고 있다.

어쩌면 수필작가 정순옥의 수필은 소박하다. 행간에 담겨 있는 겸손함이 그의 수필의 진정성일 것이다. 수필문학이 어차피 일상의 자잘함을 버리지 못할진대, 삶의 현장에서 일궈낸 소박한 마음밭이 독자들의 가슴에 닿아 잔잔한 감동을 줄 수만 있다면 더 무엇을 바라겠는가.

수필은 이렇게 자기 영혼관의 만남일 것이다. 하지만 모든 수필이 이런 영혼과의 만남을 불꽃으로 피워 올릴 수 있겠는가? 단순한 영혼에 대한 그 어떤 분석이나 통찰도 진실로 그의 영혼과 속삭인 뒤에 영감에 찬 것이 아니라면, 독자들에게 감동과 충격을 줄 수 없을 것이다. 그러므로 수필적 자아의 고독한 영혼 깊숙이 자리한 자기 심령과의 속삭임으로 길어 올린 영감에 찬 내밀한 글을 대할 때 비로소 우리는 한 작가의 깊은 사상과 만나게 된다. 한마디로 정순옥의 수필은 파토스, 실존적 세계관을 그리고 있다 하겠다.

3. 나가는 말

독자들에게 감동을 주는 훌륭한 작품 속에는 그 작품을 창조해 낸 저자의 남다른 의식이 담겨 있다. 그리하여 오래도록 독자에게 사랑을 받는 명작 속에는 적어도 그 저자의 생애가 농축되어 독자를 흡인함으로써 감동과 정서적 미감에 함몰하게 하는가 하면, 적당한 거리를 두고 저자의 삶을 지각하게 하는 각성과 삶의 길을 제시하기도 한다. 삶과 존재의 문제를 다루는 수필문학에서는 더욱 그러하다.

수필작가 정순옥의 수필을 통괄하는 창작적 기법은 그다지 새로울 것이 없다. 변화에 편승한 패러다임도, 실험적 기법도 찾기 어렵다. 그의 수필 쓰기는 전통적 문법에 충실하고 있다. 평범하고 잔잔한 문체에 작가적 톤이 소박하기 이를 데 없다. 그러함에도 왜 그의 수필이 읽히게 하는가?

 그 매력은 그렇다. 바로 작가의 진정성에 있을지도 모른다. 특히 그의 수필에서는 '철학적 지혜의 현실적 지체성'이라는 존재미학을 엿볼 수 있다. "좀처럼 붙잡기 힘든 인간 영혼의 은밀한 곳에 자리 잡은 미세한 풍경"에 포커스를 맞추고 있으며, 미셸 푸코의 존재 의미의 해석과 사물의 인식과 작가의 인식인 파토스적인 실존 인식이 형상화되어 독자를 감동하게 한다. 이런 경향성은 삶의 진정성이란 말로 대신할 수 있겠다. 타인에 대한 낯섦에서 행복을 만들어가는 그만의 공법일 것이다.

아름다운 간호사의 손

초판 1쇄 2023년 10월 10일

지은이 정순옥
발행인 김재홍
교정/교열 김혜린
마케팅 이연실
디자인 박효은

발행처 도서출판지식공감
등록번호 제2019-000164호
주소 서울특별시 영등포구 경인로82길 3-4 센터플러스 1117호(문래동1가)
전화 02-3141-2700
팩스 02-322-3089
홈페이지 www.bookdaum.com
이메일 jisikwon@naver.com

가격 15,000원
ISBN 979-11-5622-827-1 03810

ⓒ 정순옥 2023, Printed in South Korea.
- 이 책은 저작권법에 따라 보호받는 저작물이므로 무단전재와 무단복제를 금지하며, 이 책 내용의 전부 또는 일부를 이용하려면 반드시 저작권자와 도서출판지식공감의 서면 동의를 받아야 합니다.
- 파본이나 잘못된 책은 구입처에서 교환해 드립니다.